CEO 김재우의 30대 성공학 :

Think Big Act Fast

CEO 김재우의 30대 성공학:

Think Big Act Fast

21세기북스

차례

추천의 글 하나

상상력 전도사

이금룡 | 넷피아 대표이사

김재우 부회장은 내가 1977년 삼성물산에 입사할 당시에도 스타 상사맨이자 종합상사맨의 우상이었다. 1976년 우리나라 수출 역사에 한 획을 그은 사우디 101 프로젝트(사우디아라비아에서 군복 등을 단일 신용장으로 1억 100만 달러어치를 수주)의 주역이며, 듬직한 체구와 뛰어난 영어 실력, 해박한 전문 지식으로 후배 상사맨들의 가슴에 이상향으로 각인된 분이다.
마치 70~80년대 종합상사맨의 필독서였던 야마자키 도요코의 소설 『불모지대』의 주인공인 이키다다시처럼……

김재우 부회장은 98년에 (주)벽산에 부임한 뒤 워크아웃 기업인 벽산의 구조 조정을 성공적으로 수행하여 '구조 조정의 전도사'라는 칭호를 들으며 많은 힘든 기업인에게 희망과 가능성을 심어 주었다.

특히, 김재우 부회장은 『살아 있는 한 우리는 절망하지 않는다』(원제: Endurance)라는 책을 통해 사원들에게 용기와 희망을 되찾아 주었다. 김재우 부회장은 "독서가 조직 문화 형성의 최고 도구"라고 말한다.

이러한 김재우 부회장이 이번에 『Think Big Act Fast』를 저술했다. 회사 경력 40년의 60대 초반 경영인이 쓴 책으로는 다소 파격적이다. 미래의 CEO나 성공적인 직장 생활을 원하는 이들에게 가슴에 와 닿는 통찰력과 혜안을 제시하여 읽는 이의 마음을 사로잡는다. 김재우 부회장은 미래의 경영과 방향을 제시하고 있다.

21세기 대표적인 성장 기업인 GE는 'Imagination at work(일하며 상상하기)'라는 슬로건을 내걸고 이를 프로젝트에 접목하여 큰 성과를 얻고 있다. GE는 'Imagination breakthrough(상상력 도약)'를 80여 개 프로젝트에 적용하고 있으며, 이를 제프 이멜트 회장이 직접 관리하고 있다.

또한 상상력과 관련해 세계 투자가들의 주목을 받고 있는 국가 '두바이(Dubai)'를 언급하지 않을 수 없다. 두바이는 인구 130만 명으로 평균 기온이 40~50℃인 뜨거운 사막 국가이다. 하지만 두바이는 상상력을 현실로 실천함으로써 중동의 허브, 아니 세계의 허브로 거듭나고 있다.

이에 김재우 부회장은 이 책에서 "보이지 않는 것의 실체, 가 보지 않은 길에서 당신의 상상력을 발휘하라"라고 지적한다. 그리고 실천의 키워드로는 현실에 바탕을 둔 열정과 리더십을 강조한다. 흔히 미래를 주창하는 사람은 현실감이 없고, 현실에 치중하는 사람은 미래에 대한 안목을 가지고 있지 못하다. 김재우 부회장은 40년간의 뛰어난 경력과 풍부한 상상력을 통해 우리에게 미래의 방향을 제시하고 있다. 이러한 책은 만나기 어려운 값진 책이다.

아울러 엄청난 독서량을 지닌 김재우 부회장이 이 책에서 발휘한 촌철살인(寸鐵殺人)의 키워드를 읽는 재미도 쏠쏠하다. 특히, 나는 "생각의 물구나무서기는 보물찾기"라는 대목이 매우 인상적이었다. 그것은 변화와 상상력이 21세기 미래를 이끌어 갈 핵심 요소라고 생각하기 때문이다.

언젠가 회사에서 김재우 부회장실에 걸려 있는 '着眼大局, 着手小局'이라는 액자를 본적이 있다. 대국적으로 생각하고 멀리 보되 실행에서는 작은 일부터 착수하라는 뜻이다. 하지만 다른 한편으로는 착안대국(着眼大局)은 상상력의 힘을, 착수소국(着手小局)은 현실에 바탕을 둔 실천력을 의미한다. 젊은이들이 깊이 새겨볼 만한 경구이다.

우리 시대에 40년의 경력을 지니면서 40년 후의 미래를 내다보는 안목을 지닌 사람은 드물다. 따라서 김재우 부회장의 저서는 이 시대를 사는 CEO나 성공 비즈니스를 꿈꾸는 젊은이에게 필독서가 될 것으로 확신한다.

변화와 혁신의 리더

조영탁 | (주)휴넷 대표

높은 신분에 따른 도덕상의 의무를 노블레스 오블리주라 한다. 나는 경험과 학습, 그리고 사색에서 우러난 살아 있는 지식을 후배 직장인들에게 전파하는 것도 일종의 노블레스 오블리주라고 생각한다. 더군다나 우리나라 전문 경영인 중 최고의 존경과 신뢰를 받는 아주그룹 김재우 부회장의 경우는 더 말할 나위가 없겠다. 자신의 발전을 기초로 다른 사람들의 꿈을 이룰 수 있게 도와주고자 수고로움을 아끼지 않는 이와 같은 모습이 진정 아름다운 리더의 모습이기도 하다.

김재우 부회장은 한국을 대표하는 전문 경영인이자, 변화와 혁신의 리더이다.
나는 김재우 부회장을 지난 몇 년 동안 가까이에서 지켜보고 또 개인적으로 많은 가르침을 받은 사람이다. 김 부회장의 트레이드마크는 변함없는 열정과 끝없는 학습, 그리고 혁신의 실천이다. 김 부회장 자신의 표현처럼 누구보다 먼저 새로운 세상과 만나고 싶어서 평생 학습하고, 젊은이들 곁에 가서 그들과 어울리고 그들의 말에 경청하고 트렌드를 관찰함으로써 늘 변화의 한가운데에 있는 정신의 얼리어답터다. 결론적으로 겉과 속이 같고, 처음과 끝이 한결같은, 이 시대의 진정한 사표(師表)라고 할 수 있다.

성공하는 방법을 기술한 소위 하우투 북(How-to book)이 넘쳐 나는 세상이다. 그러나 똑같은 방법을 말하더라도 화자에 따라 그 무게는 다르게 느껴진다. 하루하루 치열한 삶 속에서 역경을 뚫고 승리를 일궈 낸 사람, 말하는 바를 그대로 실천하는 사람의 이야기는 무시할 수 없는 무게로 힘 있게 다가오기 마련이다.

이 시대의 비즈니스 리더, 김재우 부회장이 『Think Big Act Fast』에서 오늘을 살아가는 30~40대에게 주는 주옥 같은 가르침의 일단을 보면 아래와 같다.
"비워야 채울 수 있다", "인간이 인간다울 수 있는 것은 실패와 오류의 경험으로 더 나은 것을 추구한다는 데 있다", "물은 어떤 그릇에 담느냐에 따라 모양이 달라지지만 사람은 어떤 친구를 사귀느냐에 따라 운명이 결정된다", "사람을 대할 때는 꽃바람처럼, 자신을 대할 때는 가을 서리처럼 하라", "인문학적 소양을 쌓아라" 등 이 책에서 언급된 키워드 하나하나가 결코 소홀히 할 수 없는 무거움으로 다가온다.

사회 생활을 막 시작하는 젊은이들, 그리고 변화 혁신의 소용돌이 속에서 스스로 전반전에 패배했다고 생각하는 30~40대 직장인에게 이 책을 반드시 읽을 것을 권유하고 싶다. 이 책을 읽느냐 읽지 않느냐에 따라 인생 후반전의 승부가 갈릴 수도 있다.

"나이를 먹었다는 것은 단순히 육체적으로 노쇠해졌다는 말이 아니다. 30~40대임에도 이미 예순의 나이가 느껴지는 사람이 있는가 하면 50~60대의 나이에도 젊은이들 못지 않은 열정을 보여 주는 사람이 있다. 이 모든 것이 꿈을 가진 사람과 꿈을 잃어버린 사람의 차이다."

김재우 부회장의 위와 같은 말에 나는 동의한다. 30대 노인이 될 것인가? 혹은 60대 청년이 될 것인가는 순전히 개인의 마음 자세에 달려 있다. 변화의 가속도가 점점 더해지는 현재, 그리고 미래의 삶에 대해 우리가 편안하게 느낄 방법이란 없다. 어떤 난치병도 강한 신념으로 이겨 낼 수 있다. 오늘을 살아 가는 모든 직장인들이 한시도 꿈을 잃지 않는 영원한 젊은이로 살기를 바란다.

30대에게 주는 김재우의 훈(訓)

사라지는 시간은 우리가 부담해야 하는 것이다

1973년 초. 내 나이 서른한 살. 나는 삼성물산 런던 지점을 개설하기 위해 영국에 첫발을 내딛었다. 지난해 유럽 지역 출장을 통해 30만 장짜리 스웨터 주문을 받은 데 대한 회사의 평가였을까? 그렇지 않으면 더 큰 신(新)시장을 개척해 보라는 기대 때문이었을까?

1차 오일 쇼크로 벼락부자가 된 중동 산유국의 달러를 캐 오라는 김정열 사장(전 총리, 작고)의 특명 때문에 불과 2년밖에 근무하지 못한 런던이지만 내겐 세상을 살아가는 데 엄청나게 소중한 것을 배울 수 있던 곳이었다. 나는 본사 출장자들에게 관광을 시켜 주기 위해 옥스퍼드 대학을 여러 차례 방문했었다. 1167년에 만들어진 올솔스 칼리지(All Souls College)의 시계 문자판에는 "사라지는 시간은 우리가 부담해야 하는 것이다(Time perishes and are laid on our charge)"라는 글귀가 새겨져 있었다. 이미 800여 년 전에 시간의 가치를 이토록 소중하게 여긴 사람들이기에 해가 지지 않는 대영제국을 건설할 수 있었을까? 30대 초반이던 나에게 마치 "네 일생은 누구에게나 공평하게 주어진 시간을 관리하는 방법에 달려 있는 거야"라고 말해 주는 것 같았다.

사오정이라는 단어가 진부하게 들릴 정도로 직장인들이 세상을 살아가는 환경은 엄청나게 바뀌었다. 이따금 '성공한 직장인'이라는 얘길 듣는 경우가 있긴 하지만 나는 이 책을 쓰면서 앞으로 내게 남아 있는 시간을 어떻게 유용하게 쓸 것인지 생각해 볼 수 있었다. 해가 지지 않는 대영제국을 경영했던 영국 사람들의 지혜에서 내가 30년 전에 배운 '시간'의 의미를 생각하며 소중하게 써 보려고 노력했다. 지난 세월을 돌이켜 보니 적어도 2~3배 정도는 더 유용하게 쓸 수 있었다는 아쉬움을 떨칠 수 없다. 나의 시간 관리를 위해 정현종 시인의 시를 내 서가 앞에 걸어 두었다.

더 열심히 그 순간을 사랑할 것을……

모든 순간이 꽃봉오리인 것을
나는 가끔 후회한다.
그때 그 일이
노다지였을지도 모르는데……
그때 그 사람이, 그때 그 물건이
노다지였을지도 모르는데……

더 열심히 파고들고, 더 열심히 말을 걸고

더 열심히 귀 기울이고, 더 열심히 사랑할 걸……

반벙어리처럼, 귀머거리처럼 보내지는 않았는가……

우두커니처럼

더 열심히 그 순간을 사랑할 것을

모든 순간이 다 꽃봉오리인 것을

내 열심에 따라 피어날 꽃봉오리인 것을……

정현종, 〈모든 순간이 꽃봉오리인 것을〉 중에서

30세 노인도 있고 70세 젊은이도 있다

2005년 디지털 대학 입학생의 80퍼센트가 직장인이라고 한다. 직장인도 배우지 않으면 버틸 수 없는 시대, 더 배우기보다 새로운 것을 배워야 하는 시대임을 실감케 한다. 이른바 샐러던트(Saladent), 즉 샐러리맨(Salaryman)이 학생(Student)이어야 하는 시대다.

46세의 짧은 인생을 살다간 19세기 영국의 시인 오스카 와일드(Oscar Wilde)는 "경험은 실패의 다른 이름"이라고 간파했다. 이미 그 시절에 그는 가슴을 열고 새로운 변화를 받아들이지 않으려는 사람들에게 이렇게 경고했다. 그로부터 100년이 지났는데도 가장 왕성하게 새로운 것으로 채워야 할 사람들이 마치 좋은 학교를 졸업하고 좋은 회사에 다니는 것으로 모든 것을 이룬 것처럼 닫혀 있는 경우를 대할 때면 내가 고등학교 시절에 외웠던 "어떤 사람은 25세에 죽지만 75세까지 묻히지 않는다(Some people die at 25, but not buried until 75)"를 떠올리게 된다.

글쓰기는 행복한 산책

나는 내가 30대 초반에 이룬 성공 신화가 오히려 나 스스로를 가두는 족쇄가 될 수도 있다는 생각을 해 왔다. 그래서 당시 서울 장안의 웬만한 택시 기사들에게까지 화제가 되었던 1억 달러 계약의 무용담(?)도 그냥 묻어 두기를 바라며 취재 요청을 모두 거절해 왔다. 지난 2004년 12월호 『월간조선』에 실린 「상사맨 김재우의 수출 성공기」도 몇 번이나 거절했지만 기자의 끈질긴 권유로 이루어진 것이었다. 그럼에도 너무 이른 나이에 해낸 것에 갇혀 나를 더 강하게 만들려는 노력이 부족했음을 느낀다. 일찍 성취한 것이 결코 인생과 정신을 풍요롭게 만드는 것은 아니라 짐이 되고 있다는 사실을 깨달았다.

나는 30세 초반에 크게 한방 터트렸고, 37세 때 당시로는 최연소 임원으로 발탁되었다. 너무 젊어서 거두었던 성취를 떨쳐 보려는 노력에도 불구하고 나는 그것으로부터 빠져나오지 못하였다. "게임의 끝은 새로운 게임의 시작"이라는 뜻을 머리로만 알고 몸이 따라가지 못한 것이다. 101 프로젝트로부터 완전히 빠져나와 내 인생의 목표를 새롭게 정하고, 나 자신을 더욱 강하게 담금질하지 못한 것이 아쉬움으로 남아 있다.

내가 이 책을 쓰게 된 목적은 간단하다. 지난 40년의 내 직장 생활이 성공한 모습으로 비쳐지고 있는지는 모르겠지만, 30대에서 40대에 이르는 10년이라는 기간에 인생의 후반부를 준비하는 노력이 턱없이 부족했다고 느끼기 때문이다. 내가 살아온 시대에 비해서 훨씬 큰 변화를 맞이해야 하는 오늘의 직장인들에게 나의 하찮은 경험이 작은 도움이 되기를 간절히 바란다.

이 책이 나오기까지 오랫동안 기다려 준 21세기북스에 감사의 말을 전한다. 그들의 인내가 이 글이 세상 빛을 볼 수 있도록 해 주었다.

지난밤의 비가 아침에 그치니 오월 아침의 햇살은 더욱 빛나고 눈부시다. 버려야 새로운 나를 만날 수 있다. 더 중요한 것을 하기 위해서 덜 중요한 것을 버려야 한다. 나는 오늘 내가 버려야 할 것은 무엇일까 생각하면서 집 문을 나선다.

2006년 5월
김재우

인텔의 공동 창업자인 앤드류 그로브는 "오직 편집광만이 살아남는다"라고 했다. 급속한 세계화, 정보화가 진행되고 있는 격변의 시대에는 기업 환경에서 살아남으려면 편집광처럼 미래를 읽기 위해 정보에 목말라야 하고, 미친 사람이라고 착각할 정도로 그것의 실천에 자신을 몰입시켜야 한다는 의미이다.

보통 사람과
미친 사람이 경쟁하는 시대

1

편집광만이 살아남는다

인텔의 공동 창업자인 앤드류 그로브(Andrew Grove)는 "오직 편집광만이 살아남는다(Only the Paranoid Survive)"라고 했다. 급속한 세계화, 정보화가 진행되고 있는 격변의 시대에는 기업 환경에서 살아남으려면 편집광처럼 미래를 읽기 위해 정보에 목말라야 하고, 미친 사람이라고 착각할 정도로 그것의 실천에 자신을 몰입시켜야 한다는 의미이다.

물론 편집광은 의학적으로 정신병이다. 그러나 정신 착란증에 걸린 사람처럼 항상 건강한 긴장감이 몸에 배어 있는 사람만이 경쟁에서 이길 수 있다.

셰익스피어는 『한여름 밤의 꿈』에서 "광인과 연인, 시인은 모두 상상력으로 가득 차 있다"라고 말했다. 광인은 미친 듯이 외곬으로 빠지기도 하지만 한편으로는 상상력으로 가득 차 있다.

아침에 눈을 뜨면 '지금 올바른 방향으로 가고 있는가? 오늘 가장 우선적으로 처리해야 할 사항은 무엇인가? 사소한 업무에 시간을 빼앗기지는 않는가?'로 시작한다. 이제는 만들면 팔리던 생산자 중심의 시장 상황이 아니다. 수요자(고객)가 훨씬 더 많은 정보를 가진 데다 공급자가 수요자보다 훨씬 많아졌다. 이 같은 상황 변화를 극복할 수 있는 길은 미칠 만큼 문제를 파고드는 것뿐이다. 이를 증명하기라도 하는 것처럼 미국의 「포춘 (Fortune)」이 선정한 500대 기업 가운데 40퍼센트가 넘는 기업이 6시그마를 추진하고 있다. 6시그마는 제품이나 서비스 불량률을 100만 개 가운데 3~4개가 될 때까지 문제를 소탕하는 혁신 기법이다.

몰입은 성취를 이룩한 사람들의 가장 큰 공통점이다. 남들과는 다른 강력한 집중력이 그들을 성공으로 이끈다. ○○ 직장에 다니는 '홍길동' 이 아니라 ○○○ 전문가 '박문수' 가 더 중요한 세상이다. 직장의 시대가 아니라 직업의 시대인 것이다. 이처럼 프로의 세상을 살아가려면 한번쯤 미쳐야 하지 않을까?

다가오는 5년이 내 인생의 갈림길이 된다

2004년 초 '5년 후 우리 벽산의 모습' 이란 주제로 직원들과 워크숍을 가진 적이 있었다. 오늘의 벽산을 먹여 살리는 것이 무엇인가에서부터 생산과 영업 라인 등을 다시 되돌아보고 미래의 도시 모습, 세계 정세, 수요 등을 예측해 5년 후의 벽산을 그려 보는 기회였다(사실 변화의 속도를 생각하면 10년은 너무 길다).

매킨지의 보고에 따르면, 1995년 기업의 평균 수명은 30년이었지만 2004년에는 절반 수준인 15년으로 떨어졌다고 한다. 세계화의 역사가 10

년 남짓하니 앞으로 다가올 10년, 그러니까 2014년이 되면 기업의 수명은 한 자릿수로 떨어질 것이 분명하다. 2006년 3월 대한상공회의소 발표 자료에 의하면, 지난 10년(1993~2003년) 동안 제조업의 74.7퍼센트가 사라졌으며 100대 기업 가운데 절반이 탈락하였다고 한다. 앞으로 다가올 5년의 변화를 짐작하게 한다. 회사의 미래를 그려 보고 나서 일하는 방식을 어떻게 해야 할 것인지, 오늘 내가 어디에 서 있는지 생각해 보아야 한다.

워크숍의 목적은 현재 벽산이 가진 핵심 역량으로 앞으로 다가올 5년 후에도 그럭저럭 잘 버틸 것이란 막연한 희망을 버리려는 데 있었다. 30년의 시간을 넘나드는 〈백 투 더 퓨처(Back to the future)〉(로버트 자메키스 감독)라는 영화에서 우리가 배우는 것은 '미래는 만들어 가는 것'이라는 사실이다. 불과 10년 사이에 나타난 엄청난 변화를 겪으며 우리가 진정 깨달아야 할 것은 무엇일까? 구체적인 통계 자료로 나타난 천지개벽 같은 변화를 마치 강 건너 불 보듯이 하면서 다가오는 5년을, 어떻게 나 자신을 준비해야 하는지 생각하지 않는 사람이라면 더 이상 이 책의 페이지를 넘길 필요가 없다.

오르고 또 오르는데 못 오를 산이 있을까

나는 입사한 지 5년 이하의 일선 사원들 10명 정도와 정기적으로 대화의 시간을 갖고 있다. 일명 ODM(Open Door Meeting)이다. 나 스스로가 걸어 온 길을 비롯해서 생활 습관, CEO로서 회사의 미래에 대해 갖는 전망에 관한 이야기를 하다 보면, 마지막엔 거의 공통적으로 어떻게 하면 CEO가 될 수 있느냐는 질문을 받는다. 그럴 때마다 나는 자네 생각엔 어떻게 하면 될 것으로 생각하느냐며 질문자에게 되물어 본다. 그러고 나서 기억하는 시조를 읊어 보라고 말한다. 나는 초등학생도 외우는 양사언의 시조 "태산이 높다 하되 하늘 아래 뫼이로다. 오르고 또 오르면 못 오를 리 없건마는 사람이 제 아니 오르고 뫼만 높다 하더라"를 즐겨 읊는다.

'태산이 높다 해도 오를 수 있다'는 신념, 자신에 대한 강한 신뢰는 참으로 놀라울 정도로 대단한 무기다. 그것은 감히 태산과 같은 크기와 무게를 단숨에 옮기게 하고, 죽음을 눈앞에 둔 사람도 벌떡 일어나게 하며, 인류 역사를 발전시키는 도전의 원동력이 되기도 한다. 그래서 사마천(司馬遷)은 신념을 가지고 행동하면 귀신도 이를 막지 못한다고 했다.

1981년 삼성물산에서 근무할 때, 나는 이른바 1차 이라크 전쟁이 발발한 기회를 포착하여 여덟 명의 직원과 함께 칠흑같이 어두운 티그리스 강을 사이에 둔 양국 군대의 포화 사이를 뚫고 바그다드에 도착하여 비상용 군수 물자 공급 계약을 성사시켰다. 지금 생각해 봐도 미치지 않고서야 그런 일을 할 수 있었을까 싶다. 그렇게 죽기를 각오하고 팔러 다닌 물건이라고 해야 고작 군복이나 병참용 군수 물자가 전부였지만, 만일 '이까짓 군복 팔겠다고 이 고생을?'이라는 생각을 했더라면 전쟁터 한복판으로 뛰어들 엄두도 내지 못했을 것이다. 그때 내가 전쟁터 속을 뚫고 들어갈 수 있었던 것은 군복이 아니라 그곳에 반드시 기회가 있다는 확신, 그리고 남보다 빠르게 행동하면 기회를 내 것으로 만들 수 있다는 믿음 때문이었다.

열심히 일하는 사람을 이기는 방법

1960년대 말, 직장은 겨우 손가락으로 꼽을 수 있는 공기업이나 금융 기관뿐이었다. 그렇지만 나는 단순히 돈벌이를 위해서 직장에 다니고 싶 지는 않았다. 고등학교 시절부터 부족한 용돈을 절약하여 닦아 온 영어 실력으로 전 세계를 무대로 일하면서 넓은 세상을 익히면 그보다 더 신나 는 일이 없을 것 같았다. 그것을 상상만 해도 가슴속에서 불덩이 같은 것 이 확 밀려 오르는 느낌이었다.

지금도 후배들이 어떤 길을 선택해야 성공할 수 있는가 하는 질문을 해 올 때면 항상 내가 취업하기 전의 순간을 떠올린다. 40년이 지난 지금도 나는 당시의 선택을 후회하지 않는다. 나는 내가 가고 싶은 길을 일말의 주저 없이 명쾌하게 선택했다.

그 시절에 비하면 직업의 종류가 몇백 배나 다양해진 지금, 직업이나 회사를 판단하는 기준은 두말할 것도 없이 나의 재능을 발휘하여 '내가 즐겁게 일할 수 있는 곳'이다. 나는 사원들에게 입버릇처럼 말한다. "열심 히 일하는 사람은 지혜롭게 일하는 사람을 당하기 어렵고, 지혜롭게 일하 는 사람은 즐겁게 일하는 사람을 당해 낼 수 없다." 그렇다면 주저하지 말 고 즐겁게 일할 수 있는 곳을 찾아야 한다.

자기 재능을 찾아내라. 찾기 어려우면 나를 잘 이해하는 사람들에게 물 어 보라. 보수보다 재능을 발휘할 수 있는 곳을 택하라. 일과 놀이가 한 곳 에 있으면 이 얼마나 행복한 직장인가? 다소 높은 보수 때문에 자신의 재 능을 발휘하지 못하는 직업을 선택하면 인생의 첫 단추를 잘못 끼우는 것과 같다. 시작이 잘못됐기 때문에 일을 하면서 많은 벽에 부딪히게 될 것이 불을 보듯 뻔하다. 하고 싶은 일을 하는 사람에게는 지치지 않고 그 길을 갈 수 있는 에너지가 쌓인다. 조준을 잘못하고 어찌 목표물을 맞추려 하는가?

나쁜 습관은 정신적 감옥

우리는 왜 다르게 생각하지 못할까? 운전을 하거나 엘리베이터에 탈 때, 할인 마트에서 계산하려고 줄을 설 때, 신발 끈을 묶거나 성가신 텔레마케터와 입씨름할 때, 우리의 모든 일상은 습관의 지배를 받고 있다.

'이 업무는 왜 이런 방식으로 해야만 할까? 이렇게 하면 더 쉬운데…….' 조직 구성원이 창조적이어야 할 때가 어디 한두 가지일까? 새로운 생각을 구상하는 데 걸림돌이 되는 것은 바로 현재에 묶인 채 '똑같은 것'을 되풀이하는 태도다. 윗사람이 시키는 대로만 하는 사람에게는 창조성이 파고들 틈이 없다. 창조력 컨설턴트인 로저 본 외흐(Roger von Oech)는 『Creative Thinking : 생각의 혁명(A Whack on the Side of the Head)』에서 이를 '정신적 감옥'이라고 표현했다. 그가 제시한 창조적 사고 방식을 저해하는 10가지 정신적 감옥을 살펴보면 평소에 의식하지 못했던 생각의 빗장이 열리는 소리를 들을 수 있다.

정확한 답을 향한 강박 관념, 그것이 논리적이지 않다는 의구심, 규칙에 집착하는 원칙론, 실용성에 대한 강박 관념, 놀이를 폄하하는 시선, 그것은 내 분야가 아니라는 피해 의식, 모호함을 의도적으로 피하려는 시도, 바보 같은 짓을 하지 않겠다는 방어 심리, 실수는 나쁜 것이라는 선입견, 나는 창조적이지 않다는 자괴감 등이 자신과 조직을 억누르고 있을 때 창의적이고 발전적인 조직의 모습은 기대할 수 없다.

실제로 이런 정신적 감옥은 우리의 생각과 행동에 아주 뿌리 깊게 박혀 있기 때문에 이것들에 의해 조종당하고 있다는 사실조차 깨닫지 못한다. 정신적 감옥이 습관처럼 되어 버렸기 때문이다. 습관의 위험성은 익숙함의 노예가 되기 쉬움을 뜻한다. 따라서 습관적인 행동을 무심히 반복하면 새로운 방식으로 일하는 것이 더욱 어려워진다. 이미 정해진 방식에 길들여져 있기 때문에 새로운 길은 모험적인 객기로만 보인다.

젊은 시절의 토머스 에디슨은 전보에 관심이 많았다고 한다. 그래서 그는 다중 송신 전보, 수신용 종이 테이프 기계 등 전보와 관련된 발명에 심혈을 기울이고 있었다. 그러던 중 금융 조작의 귀재로 알려진 제이 굴드(Jay Gould)가 웨스턴 유니언 전보 회사를 통해 전신 사업의 독점화를 꾀하는 바람에 에디슨은 전보와 관련된 발명을 포기하게 되었다. 그로부터 몇 년 지나지 않아 그는 전구, 동력 장치, 축음기, 영사기 등 인류에게 무한한 혜택을 가져다준 많은 발명들을 이루어 냈다. 물론 그런 일이 없었더라도 에디슨은 많은 것을 발명했을 것이다. 그러나 굴드라는 예기치 않은 복병이 그에게 다른 기회를 모색하도록 자극한 것만은 분명하다.

정신적 감옥을 탈출하다

삼성물산에서 신입 사원으로 근무할 때의 일이다. 당시 회사의 주력 사업은 섬유 제품이나 스웨터 등을 유럽 지역으로 수출하는 것이었다. 열심히 일하는 사람들 틈에서 나의 눈에는 이상한 것이 먼저 들어왔다. 회사에 주문을 하는 나라들마다 옷 치수 표기법이 다르다는 것이었다. 예를 들어 실제 크기는 같은데 독일은 8, 핀란드는 9, 영국은 10으로 다르게 표시하기 때문에 주문을 받는 입장에서는 치수에 대해 감을 잡기가 어려웠다.

치수는 원가 계산에서 중요한 기준이 된다. 수출 계약을 할 때에도 제품 생산에 필요한 원사의 소요량을 계산해서 원가를 제시해야 하고, 계약을 체결한 뒤에도 제시한 원가를 벗어나지 않는 범위에서 생산을 해야 한다. 만약 실수로 잘못 계산해 원가를 벗어나게 되면 당연히 손해를 보는 것이다. 그런데 나라마다 다른 치수 표기법은 원가 계산을 여간 까다롭게 만드는 것이 아니었다. 나라별로 환산표를 만들면 일이 훨씬 쉽게 진행될 것 같았다. "언어가 다른 사람들이 서로 만나면 서로 영어로 소통하거나 통역을 통해 의견을 교환하는데, 왜 옷에는 공통 치수가 없는 것일까? 만약 공통적인 치수 표기법을 만들면 시간도 절약하고 일도 수월해질 텐데……."

나는 옷 치수 표기법을 하나로 통일할 수 있는 환산표를 만들어야겠다고 생각했다. 업무 시간을 피해서라도 그 동안 생각했던 것을 실천에 옮기고 싶었다. 그래서 사람들이 퇴근한 시간에 혼자 남아 치수 환산표를 만들었다. 치수 환산표라고 해 봐야 나라별로 다른 치수를 정리해, 같은

크기의 치수들을 서로 묶고, 표준이 되는 국가를 정해 그 기준에 맞춰 나머지 것들을 정리하는 식이었다.

며칠 고생했더니 수십 가지의 치수를 몇 개의 치수로 정리할 수 있었다. 그리고 다시 며칠이 지났다. 시키지도 않은 야근을 하면서 며칠씩 씨름하는 나를 보고 동료들은 "여태껏 아무 문제없이 잘해 왔는데 무엇 때문에 사서 고생을 하냐?"면서 한심하게 여기는 표정이었다. 하지만 치수 환산표가 만들어지자 모두 그 표를 활용해 쉽게 일을 처리하는 게 아닌가? 습관의 그늘이 효율성을 가린 사례라 할 수 있겠다.

두려워할 시간에 미래를 준비하라

지식 사회는 전문적인 능력만 있으면 모든 사람이 '성공'할 수 있는 사회다. 지식 경제는 모든 사람에게 '최고 경영자'처럼 생각하고 행동할 것을 요구한다. 자신이 아니면 아무도 자신을 관리할 수 없다.

"조직이 나를 버리지는 않을까요?" 중견 직장인들을 대상으로 하는 강의에서 나는 어떤 직장인에게서 이런 질문을 받았다. 나는 "앞으로 조직이 개인을 지켜 주는 그런 세상은 없을 겁니다"라고 단호하게 대답했다.

우리 경제가 발전하는 과정에서 숙련된 근로자는 기업의 주요 자산과 마찬가지였다. 만들기만 하면 팔리던 시절엔 경험이 중요한 자산이었기 때문이다. 일부 기업들에서 아직까지 남아 있는 연공서열식 인사 제도, 장기 근속자 포상 제도 등이 이러한 배경을 잘 설명해 주고 있다. 회사의 사업이 커지기만 하고 필요한 사람을 구하기가 어려웠던 시절에는 그럴 수밖에 없었다.

그러나 우리 경제는 이미 저임금을 무기로 삼아 경쟁 상대국과 싸울 수 없는 고인건비 체계로 변해 버렸다. 당연히 생산성이 따르지 않는 인건비를 부담할 수 없게 된 것이다. 이제는 내가 나를 지켜야만 한다. "어떻게든 조직이 나를 버리지는 않겠지"라는 생각은 그저 천진난만한 희망 사항일 뿐이다.

한편, 이러한 상황 변화는 도전적인 사람들을 흥분시키기에 충분하다. 연공서열식 구조에서 승진을 하려면 아직 몇 년을 더 기다려야 한다는 고정 관념 때문에 가슴이 답답했던 사람들에게는 반가운 일이다. 이제는 근무 기간이 아니라 업무 능력으로 평가받는 열린 세상이 찾아온 것이다.

내 몸값을 내가 매기는 시대

주요 기업의 신입 사원 모집 가운데 80퍼센트는 이미 사회에 진출한 경력자가 차지한다고 한다. 이런 통계는 대학 졸업 예정자들에게는 가슴 답답한 소식일지는 모른다. 하지만 주요 기업 인사부서의 가장 중요한 임무는 기업의 전문 분야를 담당할 만한 전문가를 발굴하여 채용하는 것으로 바뀌었다.

프로는 야구장에만 있는 게 아니라 고도 산업 사회의 모든 곳에 있다. 당신은 혹시 지금 멈칫거리고 있지 않은가? 딱 일주일만 깊이 생각해 보라. 내 재능을 불태울 수 있는 다른 직업이 있다면 당장 떠나라. 그렇지 않으면 지금 그 곳에서 자신을 불태워 보라. 누구든 자신이 스타가 되려는 목표를 세우지 않는다면 더 이상 조직이 나를 필요로 하지 않게 된다. 세상은 변하고 있는데 내가 지금 다니는 직장이 나를 언제까지 지켜 줄 것으로 기대하면서 나만의 무기, 나의 전문성을 개발하지 않는다면 어찌되겠는가? 나만의 프로페셔널리즘은 미래를 읽는 마음에서부터 시작한다.

기업의 조직 구조는 지금과는 크게 달라질 것이다. 프랜시스 헤셀바인(Frances Hesselbein)은 과거의 피라미드 구조가 더 이상 적합하지 않으며 훨씬 유동적이고 융통성 있는 조직 구조로 바뀌어야 한다고 강조한다. 아서 왕의 '원탁의 기사'처럼 지위보다는 능력이 중시되며, 모든 사람이 창의력을 발휘하고 그로부터 성취감을 얻는 조직으로 변해 갈 것이다. 의사 결정의 속도를 높이기 위해 조직의 경계는 사라질 것이며 계층간 경계, 기능간 경계를 뛰어넘는 새로운 개념의 조직이 탄생할 것이다. 이렇게 자유롭고 유연한 조직이 어떻게 아무것도 준비하지 않는 사람을 보호하고 지켜 줄 수 있겠는가?

눈만 가리는 닭처럼 보고 싶은 것만 보려 하는가

『노동의 종말』이라는 저서로 유명한 세계적인 미래학자 제레미 리프킨 (Jeremy Rifkin)은 2005년 염재호 고려대 교수와의 대담에서 앞으로 15년 뒤엔 지금 노동력의 95퍼센트가 불필요한 시대가 될 것이라고 말했다. 현재의 직업은 대부분 사라질 것이며, 결국 그 자리를 전혀 새로운 전문 직업이 대체하게 될 것이라는 의미다. 이처럼 가공할 만한 속도로 다가오는 변화는 오늘날과는 전혀 다른 모습으로 다가올 미래의 파고를 충분히 예상할 수 있게끔 한다.

15년이라는 시간은 생각하기에 따라서 긴 세월일 수도 있다. 그렇지만 지금 20세의 대학생이 35세가 되는 시간이라고 바꿔 생각해 보면 잠깐 지나가는 시간이기도 한 것이다. 시나리오 경영의 대가인 피터 슈워츠 (Peter Schwartz)는 "미래의 실마리는 언제나 현재에 꼬리를 감추고 있다"라고 말했다. 아무리 다가오는 변화가 이전의 모습과 다르다고 하여도 생사가 걸린 일이라고 생각하고 찾아내는 노력을 하면 볼 수 있다는 의미이다. 중국 『오자(吳子)』의 "욕관천세 수금일(欲管千歲 數今日)", 즉 "천 년을 내다보고 싶으면 오늘을 살펴라"와 같은 뜻이다. 쌈닭은 수세에 몰리면 대가리만 지푸라기 속에 처박는다. 세계적인 미래학자의 경고를 귀담아 듣지 않는 것은 눈만 가리는 닭과 같은 모습이다.

오늘과 같은 내일은 절대 다시 오지 않는다. 오늘 본 강은 어제 본 강과 같지만, 그 강물은 같지 않다.

'경영학의 발명자'라고 불리는 피터 드러커(Peter F. Druker)는 이런 질문을 받은 적이 있다. "아흔이 넘은 지금까지 저술한 30권이 넘는 책들이 모두 베스트셀러가 되었는데 그 중에서 어느 책이 가장 마음에 드십니까?" 드러커는 "아마도 다음번 책일 것 같다"라고 대답했다고 한다. 드러커의 저서들은 미래를 정확히 예측했음에도 불구하고 그는 항상 그 다음에 다가올 또 다른 미래를 기대하고 있었다.

급변하는 세상에서 내가 무엇을 어떻게 해야 할지 엄두를 내지 못하고 망설이고 있다면 피터 드러커의 『프로페셔널의 조건』을 읽기를 강력하게 권한다. 이 책 속에서는 우리가 잘못 알고 있는 많은 것을 찾아낼 수 있을 뿐만 아니라 다가오는 미래를 맞이할 수 있는 지혜가 듬뿍 담겨 있다. 어제의 '나'로 다가오는 '내일'을 도저히 맞을 수 없다.

나는 믿음이 있는 곳에 점을 찍었다.
그리고 혼신의 힘을 다해 점을 선으로 이었더니 지금 이 자리에 서게
되었다.

애플 컴퓨터의 신화를 창조한 스티브 잡스(Steve Jobs)는 중퇴한 뒤 30년 만에 찾아간 스탠퍼드 대학 졸업식장에서 자신의 인생에서 경험했던 '점

들을 이어라(Connecting the dots)'에 대해 이렇게 말했다. 미래를 알고 싶은 사람만이 미래를 읽을 수 있다. 지금의 고난이 미래의 성공과 이어질 것이라는 믿음을 갖는 것이 중요하다. 잡스는 미래의 점들만으로는 선을 연결할 수 없다고 말한다. 과거를 되돌아보아야만 연결할 수 있다는 것이다. "지금은 너무도 상황이 어려워서 미래를 바라보면 눈앞이 캄캄하고 아무것도 보이지 않는다고 느껴져도, 먼 훗날 지난날을 되돌아보면 그 점들은 이어지고 성공으로 연결될 것이라고 믿는 것입니다. 그러기 위해서는 나의 용기와 배짱 그리고 숙명을 믿어야만 합니다."

　내가 찍어 놓은 점은 어떤 것인가?

　그 점을 선으로 연결하기 위한 실천 방안은 서 있는가?

사람의 나이에는 생물학적인 나이와 함께 정신적인 나이가 있다. 30대 노인이 있는가 하면 60대 젊은이가 있는 것이다. 생물학적인 나이가 젊다 해도 변화에 무디면 30대 노인일 뿐이다. 변화를 능동적으로 수용하는 사람에게 생물학적인 나이는 제약이 아니라 경쟁력이다. 언제나 진행형이면서 역동적인 사람. 더 많은 것을 포용하면서 앞으로 나아가는 사람만이 미래를 읽고 변화하는 사람이다. 그는 언제나 깨어 있는 사람이다.

펄펄 살아 움직이는 현실에
발을 딛고 미래를 보라

2

큰 질문을 던져라, 그러면 보인다

대부분의 사람은 잠재 능력의 4퍼센트도 쓰지 못한다고 한다. 내 안에 숨은 잠재 능력은 북극을 떠도는 빙산 덩어리처럼 깊숙이 수면 아래에 잠겨 있지만 사용하는 방법에 따라서 언제든지 물 위로 떠오를 가능성이 있다. 내게 잠재된 능력으로 미래를 설계하는 것은 인생의 후반전을 새롭게 디자인하는 것과 다름없다.

하지만 이런 잠재력을 몇 살이라도 더 젊은 시절에 찾아내지 못했다고 한탄할 필요는 없다. 축구 경기는 후반전에 일어나는 반전에서 그 묘미를 더하지 않는가? 늦었다고 생각할 때 바로 시작해 반전에 성공할 수 있다고 스스로 생각하라.

자신의 재능을 찾는 일이 인생의 후반전을 결정한다고 하면, 이렇게 중차대한 재능의 실체가 무엇인지 먼저 알아 둘 필요가 있다. 흔히 재능이란 "태어날 때부터 가지고 있는 특별한 능력이나 소질"을 말하지만, 자신의 미래와 연결될 수 있는 재능은 생산적으로 쓰일 수 있어야 유효하다.

가령 본능적으로 호기심이 강한 사람이라면 그것은 그 사람의 타고난 엄청난 재능이다. 다른 사람과 경쟁하는 것을 좋아한다면 이것 역시 재능이다. 외모가 매력적인 사람이라면 이것도 재능이라 할 수 있다. 남보다 인내심이 강하다면 이것 역시 뛰어난 재능이요, 필요 이상으로 책임감이 강하다면 이것 또한 재능이다. 이렇게 반복적으로 나타나는 사고와 감정과 행동들을 생산적으로 쓸 수 있다면, 또 업무와 연결해서 그런 능력을 십분 발휘할 수 있다면, 이미 훌륭한 재능을 가지고 있는 셈이다.

또 외견상으로 부정적으로 보이는 특성도 재능이 될 수 있다. 주변의 엄청난 저항에도 불구하고 자기 주장을 굽히지 않는 황소 같은 고집도 성공으로 가는 재능이 될 수 있다. 왜냐하면 그 능력이 생산적으로 쓰일 수 있기 때문이다. 만일 "이렇게 하면 어떻게 될까?"라고 스스로 끊임없이 물어보며 아직 일어나지도 않을 일을 미리 대비해 계획한다면, 이 소심한 성격도 다양한 역할을 할 수 있어 생산적으로 사용될 수 있다. 심지어 난독증(難讀症) 같은 약점도 생산적으로 이용하기만 한다면 훌륭한 재능으로 이어질 수 있다.

약점도 강점으로 전환할 수 있다

마이크로소프트를 상대로 한 반독점법 위반 소송에서 미국 연방 정부 측 변호를 맡은 데이비드 보이스(David Boies)에게는 난독증이 있었다. 그는 공판을 앞두고 조서를 쓸 때 정중하지만 끈질긴 질문으로 빌 게이츠를 녹초로 만들었으며, 정부 측 주장을 명확하게 설명함으로써 재판관의 마음을 사로잡았다. 그는 난독증 때문에 될 수 있으면 길고 복잡한 단어들을 피했다. 의미를 알고 있는 단어도 제대로 발음하지 못할까 불안해서 일부러 어려운 단어들을 사용하지 않았다. 단순한 단어들을 사용했기 때문에 그의 주장은 이해하기가 매우 쉬웠다. 의도한 것은 아니지만 상식적인 사람이라는 인상을 주기에 충분했다. 그의 솔직담백한 언변은 자신을 유식하게 보이도록 포장하지 않았고 어려운 문제를 간단명료하게 풀어 내려는 의도로 비쳤다. 이런 의미에서 난독증은 데이비드 보이스에게는 약점이 아니라 재능이 되었다. 극단적인 사례이지만 재능은 반드시 생산적으로 사용되어야만 빛이 난다는 사실을 단적으로 보여 준 사례다.

지금 내가 하고 있는 일이 현재와 미래 중 어느 때를 의식하고 추진하고 있는지 생각해 보자. 현재의 상황에 급급해 하면서 "이 일이 언제 끝나지?"를 생각한다면, 재능을 사용하고 있지 않는 것이다. 하지만 미래를 생각하고 즐거워하면서 "언제 또 이 일을 하게 될까?"라는 기대감이 있다면, 그 일을 즐기고 재능 중 하나를 사용하고 있을 가능성이 크다. 이렇게 재능을 미래와 연결시켜 주는 고리가 바로 열정이다.

문제 의식 때문에 바뀐 사령장

필자에게도 비슷한 경험이 있다. 지금은 삼성그룹 하면 누구나 들어가고 싶은 직장의 1순위로 꼽히지만, 1960년대 말은 민간 기업에 입사할 수 있는 문이 몹시 좁았던 시절이었다. 삼성그룹 공채 8기 시험에 합격한 나는 삼성물산으로 배치받기를 간절히 바라고 있었다. "우리나라의 산업화는 내가 그림 그리기 나름이고 내가 다닐 무대는 그만큼 넓다"라는 생각으로 들떠 있었고, 넓은 세상을 다니며 바이어를 만나 무역하는 나를 상상하면 몸이 근질거릴 정도로 즐거웠다. 그런데 전혀 뜻밖에 나는 한국비료의 경리부로 발령을 받았다. 언제나 무엇 하나 그냥 쉽게 넘어가지 못하는 내 성격이 화근이었다.

신입 사원 연수를 마치고 사장의 식사 초대 장소에서 신입 사원들이 돌아가며 연수 기간에 느낀 소감을 얘기하는 순서였다. 당시 삼성그룹 계열사인 한국비료는 사카린 밀수 사건으로 한참 곤욕을 치른 직후였다. 그런데 신입 사원 교육을 받는 과정 중에 내가 느낀 점은 임원들마다 이 사건에 대해 다르게 설명한다는 것이었다.

나는 "기업 내에서 한 가지 사안에 대해 임원들이 서로 다르게 인식하고 있다는 것이 납득되지 않는다"라고 말했다. 배석하던 총무 담당 부장이 나의 기록을 들추고 있는 모습이 심상찮게 느껴졌다. 지나고 보니 예나 지금이나 기업의 경영 관리 부서는 매우 중요한 기능을 담당한다. 최고재무책임자(CFO) 시대, 나는 기업의 2인자로 불릴 만큼 중요한 핵심 기능 부서에서 기초를 다질 기회를 부여받은 것이었다. 그 당시 윗사람들이 항상 문제를 파고들려는 나의 근성을 높게 사준 것일까?

열정을 가진 사람들의 선택

직장이란 누가 일일이 일을 가르치고 설명해 주는 곳이 아니다. 기업은 하루라도 빨리 전쟁터에 나가 싸울 수 있는 '준비된 사람'을 찾는다.

자신이 맡은 일이나 기회에서 번번이 밀려나는 사람들이 공통적으로 하는 이야기가 있다. "경험이 없어서……", "그쪽 경력이 모자라서……" 따위다. 그러나 정작 그들이 가지지 못한 것은 화려한 경력이 아니라 그 일을 해내려는 열정임을 그들은 모르고 있다.

직장이라는 조직은 항상 구성원들에게 누구도 경험하지 못한 새로운 것을 준비하게 하고 그것을 시도하게끔 장려하는 곳이다. 누구나 같은 성격의 업무에 대해 유사한 경험을 할 수 있지만, 나만이 성취할 수 있는 '바로 그것'을 경험할 수 있는 사람은 나 자신밖에 없다. "나는 항상 새로운 일에 도전해 보고 싶다"라고 생각하는 사람은 그 일을 해내지만, "도대체 이 일을 나한테 왜 시키는 거야"라며 불평하는 사람은 도전하기도 전에 일을 그르칠 공산이 크다.

그래서 나는 간혹 사원 면접을 볼 때 경험 많고 탄탄한 이력을 가진 지원자일지라도 열정이 없다면 관심을 주지 않는다. 전문적인 지식은 풍부하지만 열정이 없는 사람은 우리 회사에 적합한 사람이 아니기 때문이다. 그래서 나는 지금 당장은 처우가 낮더라도 자신의 적성을 잘 발휘할 수 있는 분야를 선택해서 자신의 강점을 제대로 평가해 줄 수 있는 직장을 택할 것을 권하고 싶다. 열정은 뜨겁게 일할 수 있는 마음가짐이다. 당신의 뜨거움으로 당신의 상사를 뜨겁게 달굴 수 있다.

열정만이 완전 연소를 가능케 한다

'졸업이 곧 실업'이라고 할 정도로 청년 실업이 넘쳐 나고 있는 지금 세상에서는 다른 사람과 비교하지 않는 게 중요하다. 내가 무엇을 좇아 가고 있는지, 내가 미칠 일이 무엇인지를 생각해야 한다. 남의 눈에 내가 어떻게 비칠지, 즉 '남의 시력에 맞춘 안경'으로 자신의 삶을 선택하는 우를 범해서는 안 된다. 이럴 때 자신의 재능 거울을 하루에도 수십 번 꺼내 봐야 한다.

거울은 여자의 전유물이 아니다. 남자도 아침에 면도할 때뿐 아니라 하루에 몇 번이고 거울을 보아야 한다. 뿐만 아니라 끊임없이 내면의 거울을 비추어 보며 재능과 열정을 완전 연소시킬 일이 무엇인지를 찾아야 한다. 반짝이는 호기심을 가지고, 내가 왜 그것을 해야 하는가를 다섯 번 이상 질문해 보면 답이 나오게 되어 있다.

자신을 찾아 나가고, 의미를 부여하는 것은 누구도 대신해 줄 수 없다. 일과 재미를 동시에 추구할 수 있는 분야를 발견했다면, 당신은 이미 행운아의 대열에 들어선 것이다. 재능을 재발견하고, 열정이란 에너지를 품고, 단 한순간도 목표를 잊지 않고 그것에 매진할 수 있는 사람은 자신의 재능을 집중적으로 한 곳에 퍼부을 수 있는 사람이다. 탈대로 다 탈 수 있을 만큼 훨훨 타오르는 사람과 타다가 마는 미지근한 사람의 차이는 설명할 필요조차 없다.

 간혹 사석에서 직원들은 내 인내심의 끝이 어디일지 궁금하다는 우스
갯소리를 하곤 한다. 보통 사람들에게 익숙한 일상적이고 세상적인 것과
는 거리가 먼 근본적인 것들, 항상 오늘보다 미래에 관심이 많은 CEO가
외계인처럼 보일지도 모르겠다.

 잠시라도 깨어 있지 않으면, 또 앞을 내다보는 일에 소홀하게 되면, 경
쟁에서 치명적인 악수(惡手)를 두는 것이나 다름없다. 때문에 나는 항상 직
원들에게 앞서 갈 것을 강조한다. 그래서인지 직원들은 한참 지나서 내가
왜 그토록 똑같은 말을 되풀이해서 강조했는지 그 이유를 알게 되었다는
후일담을 전해 주곤 한다. 그리고 자신의 주장이 현실로 나타나기까지 걸
리는 시간이 결코 짧지 않은데도 어떻게 혼자서 계속 떠드는지, 그래서
느끼는 외로움을 어떻게 참아 내는지를 묻곤 한다.

 자신이 세운 방향에 대한 신념이 확고부동하면 이런 어려움쯤은 문제
가 되지 않는다. 많은 사람들이 나의 생각에 공감하게 한 다음 그 방향으
로 나아가도록 하는 것이 내가 해야 할 가장 중요한 일이기 때문이다. 내
가 확신을 갖게 된 미래를 함께 볼 수 있도록 반복하는 일이 힘들다면 나
는 스스로 능력 부족을 인정하는 셈이 된다.

 세계적인 커뮤니케이션 학자인 마셜 맥루한(Marshall McLuhan)은 "훌륭
한 커뮤니케이터는 상대의 언어를 사용한다"라고 말했다. 조직 내의 누구
에게든지 자신이 보는 미래를 설득할 수 있는 리더의 능력이 어느 때보다

중요해진 시대이다. 이 때문에 격변하는 시대에서 CEO에게 요구되는 가장 중요한 자질은 커뮤니케이션 능력이다.

핵심은 한 줄뿐이다

　나는 아무리 긴 영화, 두꺼운 책이라도 '한 줄도 길다'는 일본의 하이쿠(俳句, 일본 고유의 짧은 시)처럼 한 줄로 요약하는 것을 좋아한다. 가령 영화 〈올드보이〉에서는 "무심코 던진 돌에 개구리가 맞아 죽을 수도 있다"라는 교훈을 이끌어내고, 토드 사일러의 『천재처럼 생각하기』에서는 "발상의 전환이 성공을 부른다"라는 생각을 떠올린다. 그리고 셰익스피어는 "언제나 가장 멋진 방식으로 사태의 핵심을 요약한 사람", 영화 〈노 웨이 아웃〉은 "하늘이 무너져도 솟아날 구멍은 있다" 등으로 압축해서 기억한다. 그렇지 않으면 며칠씩 걸려 책을 읽었는데 시간이 지나면 남는 것이 없다. 이렇듯 하이쿠는 핵심 정보를 의미하지만, 핵심이 아닌 것에도 얼마든지 중요한 요소들이 숨어 있을 수 있다.
　〈올드보이〉에서는 주인공 오대수가 감금된 방의 벽지 모양을 보며 건축 내장재를 생산하는 벽산의 제품 구성을 떠올린다거나, 영화 〈에로스〉에서 공리가 초보 재단사 장첸에게 "옷을 잘 만들려면 그 옷을 입는 사람의 몸을 잘 알아야 한다"라고 말하는 장면에서는 비즈니스와 관련된 모티

프를 얻기도 한다.

자주 가는 음식점의 맛이 예전과 달라지면 반드시 그 원인을 파악해 알아내고야 만다. 음식 맛이 마음에 들지 않으면 다시는 그 음식점을 찾지 않으면 그만이지만, 적어도 무엇이 잘못됐는지 그 음식점은 알아야 한다고 생각하기 때문이다. 서툰 주방장으로 바뀌었는지, 어쩌다 상한 조개가 들어가서 음식 맛을 망쳤는지 등을 알아야 대처할 수 있는 것이다.

무엇이든 변화한다는 것은 그만한 동기와 원인이 있기 마련이다. 무엇이든 한 줄로 요약할 수 있다는 것은 내가 그 존재에 대해 정확하게 파악하고 있음을 말해 주는 것이고, 그런 작업에 집중하다 보면 전체의 틀을 볼 수 있게 된다.

항상 깨어 있어야 한다

회사의 한 중견 간부가 내게 이런 말을 건넸다. "사장님은 젊은 사원들과 같이 있으면 그 친구들의 기운을 막 빨아들이는 것 같은 느낌이 듭니다." 나는 항상 젊은 친구들이 무엇을 생각하고, 무엇에 가치를 두고, 무엇에 환호하고 분통을 터뜨리는지 안테나를 곤두세운다. 사석에서 아무 말 없이 그들의 말을 듣는 듯해도 나는 항상 바쁘다. 그들의 코드를 읽기 위해, 미래를 읽기 위해, 잠시도 깨어 있는 상태를 그만둘 수 없다.

내 휴대 전화는 최신형이다. 아니, 항상 최신의 상태를 유지하려고 노력한다. 물론 길거리에서 휴대 전화로 사진을 찍거나, 텔레비전이나 영화를 보는 것은 아니다. 그래도 나는 최신형 휴대 전화가 나오면 기능과 사용법을 익히려고 노력한다. 멀쩡한 것을 놔두고 새것에 관심을 갖는 것은 변화의 한가운데 내가 들어가 있기 위한 하나의 방법이다. 전자 제품이든, 인터넷의 다양한 서비스든, 변화하는 것을 직접 경험함으로써 변화를 내 것으로 만든다. 간혹 노래방에 가도 흘러간 노래는 피한다.

사람의 나이에는 생물학적인 나이와 함께 정신적인 나이가 있다. 30대 노인이 있는가 하면 60대 젊은이가 있는 것이다. 생물학적인 나이가 젊다 해도 변화에 무디면 30대 노인일 뿐이다. 변화를 능동적으로 수용하는 사람에게 생물학적인 나이는 제약이 아니라 경쟁력이다. 정신적으로 젊은 사람이 되기 위해선 수동적인 태도를 버려야 한다. 언제나 진행형이면서 역동적인 사람, 더 많은 것을 포용하면서 앞으로 나아가는 사람만이 미래를 읽고 변화하는 사람이다. 그는 언제나 깨어 있는 사람이다.

책은 참으로 위대한 것을 품고 있다

"모르는 것은 수치가 아니다. 배우려 하지 않는 것이 수치다." 굳이 소크라테스의 이 말을 인용하지 않더라도 나는 좋은 책들이 있어 읽을 수 있다는 사실에 항상 감사한다. 세상의 모든 필자에게, 출판 기획자에게, 그것을 가능케 하는 출판사들에 감사하고 싶다.

책을 좋아하는 사람들은 대부분 그러하겠지만, 생각의 틀을 확장하는 데 책만한 매개체가 또 있을까 싶다. 무심코 집어 든 책의 내용이 가슴과 머리에 동시에 박히기도 하고, 갑자기 감정이입이 되기도 하며, 깊고 강렬한 인상으로 남아 지워지지 않는 흔적을 남기기도 한다. 반대로 지적인 관심을 충족시키면서 어느 정도 거리를 유지할 수 있는 책도 있다. 바꾸어 말하면 감정이 팍 꽂히는 책도 있고, 많은 걸 정확하게 알려 주는 책도 있다.

실패에서 배우지 못하는 사람은 마치 난롯불에 데이고 나왔는데 또 데이는 면역 결핍증 환자와 같다. 책은 남의 실패에서 나를 깨우쳐 주기도 하고, 한 치 앞을 내다보기 어려운 시대에 미래를 읽게 해 주기도 한다. 나는 책의 목차를 보고 나에게 필요한 내용이 어디에 있는지 대체로 감을 잡는다. 저자의 프롤로그만 읽어도 책의 전반적인 주제를 알 수 있고, 인터넷에 나오는 책 소개나 서평을 보면 내가 반드시 읽어야 할 책인지 아닌지를 판단할 수 있다. 신문의 기사 제목도 정보를 걸러 내는 데 중요한 역할을 한다. 내가 반드시 읽어야 할 기사인지 아닌지를 분명히 하면 부담은 적어진다. 읽어야 할 기사라면 그 자리에서 정독을 하고 꼭 필요한 기사는 스크랩했다가 이동하는 자동차 안에서 다시 한번 읽고, 행동과 실천을 요하는 것은 곧바로 실행한다.

이렇게 하다 보면 매일 미래를 읽을 수 있는 키워드를 두세 개씩은 찾아낸다. 물론 그러한 키워드는 내가 책과 신문을 샅샅이 읽는다면 열 개 이상도 발견할 수 있을 것이다. 그러나 중요한 것은 개수가 아니라 그것을 실행에 옮길 수 있는지, 실현 가능한지의 여부다.

내가 벽산에 오면서 가장 먼저 시행한 것이 바로 독서다. 직원들에게 한 달간의 시간을 주고 200자 원고지 한두 장 정도로 독후감을 받았다. 처음에는 원고지에 적기조차 버거워하던 직원들이 차츰 책을 읽고 자신의 생각을 정리하는 데 익숙해졌고, 이젠 내가 일러 주는 책은 물론이고 스스로 책을 찾아나서는 사람들까지 생기게 되었다. 나는 "사람이 세상을 바꾸고 책이 사람을 바꾼다"라는 현인의 지혜를 실감하고 있다. 이렇게 한 달에 책 한 권 읽기로 하나하나 늘어난 목록이 벌써 60권을 넘었다.

'섀클턴의 위대한 항해'에서 얻은 용기

외환 위기(1997년 11월 말) 이전의 방만한 경영 결과 한꺼번에 닥친 어려움을 버티지 못해서 회사는 1998년 8월 워크아웃을 신청하기에 이르렀다. 당분간 차입금을 만기 연장하는 걱정은 덜게 되었지만, 자구 노력의 의무를 다하기 위해 주력 공장까지 매각했기 때문에 직원들은 이제 경영 정상화는 기대하기 어렵다는 생각으로 의욕을 잃고 불안해하고 있었다.

나는 직원들에게 용기를 줄 수 있는 방안을 고심하던 중에 『살아 있는 한 우리는 절망하지 않는다』라는 책을 발견했다. 이 책은 어니스트 섀클턴 함장이 이끄는 영국 탐험대가 남극 횡단에 나섰다가 부빙(浮氷)에 고립

되어 537일 동안의 극한 상황에 놓였지만 단 한 명의 희생자도 없이 27명의 대원 전원이 무사히 생환한 기록을 다룬 휴먼 다큐멘터리다.

나는 이 책이 실의에 빠져 있는 우리 직원들의 절망을 희망으로 바꿀 수 있을 것이라고 믿었다. 직원들은 섀클턴의 탐험선인 인듀어런스 호의 위기에 비하면 우리는 정말 아무것도 아니라고 판단했고, 선장인 CEO를 믿고 열심히 따라가면 희망이 보일 것이라고 생각하기 시작한 것이다.

그래서인지 벽산은 세간의 비관적인 평가와 전망에도 불구하고 그 어떤 기업보다도 빠른 시일 내에 워크아웃 이전의 자리로 되돌아왔다. 워크아웃이 확정된 지 만 일 년 후인 1999년 12월, 나는 김대중 대통령이 청와대에서 연 우수 기업 오찬 간담회에서 헤드 테이블에 앉았던 감격을 잊을 수 없다. 제자리를 찾은 그때부터 벽산은 앞만 바라보았다. 과거를 잊지 않되, 현실에 발을 단단히 내딛고 미래를 향한 준비를 하면서 여기까지 온 것이다.

경영 사상가 톰 피터스(Tom Peters)는 "경기가 좋을 때는 교육 예산을 두 배로 늘리고, 나쁠 때는 네 배로 늘려라"라고 했다. 재정은 부족하고 그래도 사원 교육은 해야 하는 상황에서 나는 비용에 대비하여 가장 효과가 큰 방법이 독서라고 판단했다. 이런 과정을 거치면서 이제는 사원들이 다음 달에 읽을 책 선정을 궁금하게 여기기도 하고 자진해서 책을 추천해 오는 경우까지 생기고 있으니, 이제 독서는 벽산의 새로운 조직 문화의 일부분으로 자리 잡은 셈이다.

모티머 애들러(Mortimer J. Adler)는 "모든 책은 빛이다. 다만 그 빛은 읽는 사람이 발견하는 만큼 밝아진다. 독자에 따라서 그것은 빛나는 태양일 수도, 암흑일 수도 있다"라고 했다. 나 역시 모든 책은 빛이라고 생각한다. 책 속에 빛이 숨어 있어 미래로 가는 길을 안내해 준다고 믿는다. 비록 친절하게 가르쳐 주지 않는다고 해도 미래를 읽는 키워드는 본능적으로 느낄 수 있다. 개인적으로 외롭고 암담한 시절을 보낼 때도 언제나 책은 든든한 조언자였고, 앞이 보이지 않던 어려운 고비마다 나의 미래에 희망의 빛을 내비쳤다. 언제 어디서나 종횡으로 펼쳐진 휴대 전화와 인터넷의 그물에서 벗어날 수 없는 우리 시대에 책 읽기는 '나 홀로 고독하기'의 유일한 길이 아닐까?

가장 편안하고 경제적인 조언자

이슬람 제국의 종주국을 자처하는 사우디아라비아의 수도인 리야드는 볼거리도 읽을거리도 철저하게 막혀 있는 곳이다. 그때 내 나이가 서른두 살이었는데 흘러가는 시간이 마치 금덩어리를 잃어버리는 것처럼 아쉬웠다. 한국 사람이라고는 손가락으로 꼽을 수 있던 당시 사우디아라비아에서 입찰을 마치고 결과가 나오기까지 "부크라! 부크라!"(내일! 내일!) 하면서 하루하루를 기다린 것이 7개월이라는 길고 긴 시간으로 이어졌다. 1년 넘게 준비한 입찰 결과를 기다리고 있었고, 기다리는 것 외에는 달리 할 일도 없었다.

당시 사우디아라비아는 밀려드는 서양 문화로부터 전통을 지키기 위해

서 외교 공관조차 왕도(王都)인 리야드가 아닌 홍해의 항구 도시인 제다
(Jeddah)에 두고 있었다. 사우디아라비아 국방부로부터 당시 삼성물산 연
간 매출액 규모의 계약서를 넘겨 받겠다는 일념으로 기다린 7개월은 그다
지 긴 기간은 아니었지만 하루하루는 정말로 지루한 시간이었다.

거의 모든 여가 활동은 물론이고 음주가무도 완전히 막혀 있어 바깥 세
상 소식을 접할 수 있는 유일한 수단은 『타임』, 『뉴스위크』뿐이었다. 첫
장부터 마지막 장까지 글자 하나 놓치지 않을 정도로 뒤적이다 보니 세계
경제에 대한 이해가 넓어지고, 세계 문제에 대한 감각도 익힐 수 있게 되
었다. 마치 한 학기 수강 신청을 온통 영어 과목만 한 결과가 되었던 것이
다. 그리고 무엇보다 자신을 되돌아보는 시간을 가지게 됐다. 모든 것이
잘되고 있다고 느낄 때, 마음이 느슨해지고 다른 사람의 의견을 무시하게
되면서 스스로를 무너뜨리는 경우가 많다. 이럴 때 책을 가까이 하면 적
어도 절망하거나 오만에 빠지지는 않는다.

책이란 것은 또 얼마나 경제적인지, 경제 전문가의 넓은 식견을 빌릴
수도 있고, 필자의 머릿속을 채우고 있는 사고와 정보를 간단하게 내 것
으로 만들 수도 있다. 필자나 전문가를 만나러 비행기표를 사지 않아도,
또 그들의 강의를 듣기 위해 따로 시간을 내지 않아도 한 끼 식사 값으로
그들과 당당한 특별 대담을 할 수 있는 것이 바로 독서다.

책에서 생각을 키워 온 사람에게 집을 그리라고 하면 지붕부터 그리지
않는다. 독서를 통해서 모든 사물의 원리를 익힌 사람은 집의 주춧돌을
먼저 그린다.

펄펄 살아 움직이는 현실에 발을 딛고 미래를 보라

"이제 자동차 산업은 기계 산업이 아닙니다. 움직이는 쾌적한 공간입니다." 1990년대 후반에 전자 산업이 비약적인 발전을 이루자, 한 자동차 회사의 CEO가 자주 되풀이한 말이다. 그도 그럴 것이 지금 이동하는 자동차 안에서 벌어지는 모든 상황들을 생각해 보면 앞으로 IT 기술은 모든 산업 분야에서 막강한 권세를 떨칠 게 분명하다. 그렇게 되면 우리 삶이 바뀌게 될 것이고 소비자들의 욕구도 그만큼 직접적이고 급해질 것이다. 어느 길을 가야 기업이 살고 미래가 살 수 있는지는 기업 스스로 결정해야 한다.

최근 구조 조정을 성공적으로 마친 모 회사의 사장이 퇴진한다는 소식이 들려 왔다. 그는 최선을 다해 일했고 매출 증대와 시장 확대에 몰두했지만 미래를 예측하는 데 실패해 회사가 문을 닫기에 이르렀다. 과거의 기업들은 자원의 빈곤함을 만회하기 위해 수출에 주력했다. 그래서 해외에서는 제품을 싸게 팔고 국내에서는 비싸게 팔기도 했다. 이런 경영 스타일은 규모를 확대하고 시장 점유율을 높이는 데 가장 큰 비중을 두었지만, 기업으로서는 낮은 수익을 울며 겨자 먹기 식으로 감수해야만 했다.

수익이 감소하면 자연히 인적 자원이나 기술, 정보 등에 대한 투자가 줄어들게 된다. 지금은 단순히 시장 확대와 매출액 신장만으로는 성장할 수 없는 어려운 시대다. 새로운 부가가치를 창출하는 것이 어려울 뿐 아니라 기업의 미래도 보장되지 않는다.

새로운 가치를 찾아서

2005년 3월 29일, 나는 한국경제신문 다산홀에서 열린 제1회 가치 혁신 포럼 연사로 초청받았다. 이 자리에서 나는 벽산에서 2000년부터 시작해 지금까지 추진하고 있는 '새로운 가치 창조(Value Creation Management, VCM)'를 중심으로 연설을 했다.

벽산은 회사의 발전 방향으로 '건축 자재의 대명사', 즉 종합 건축 자재 회사를 추구해 왔다. 천장재를 비롯한 내장재, 유리 섬유를 포함한 외장재 등 벽산은 기술적인 특성이 서로 다른 제품군들을 전국에 산재한 공장에서 생산하고 있다. 이러한 사업 구성은 우리 경제의 초기 단계에는 제품별 시장 규모가 작았기 때문에 제품의 기술적인 특성보다는 시장의 발전 단계에 맞추어 다양한 제품을 취급했기 때문에 비롯되었다. 하지만 미국, 유럽 등 선진국의 경우에는 일반적으로 특정 제품을 세계적인 규모로 생산한다.

나는 다양한 건축 자재를 백화점식으로 생산하는 방식으로는 다가오는 격심한 경쟁을 이겨낼 수 없다고 판단했다. 오히려 지금까지 해 온 방식과는 정반대로 여태까지 취급해 오던 품목 가운데 벽산만의 독특한 핵심 역량을 구축해 나가야 한다고 생각했다. 우리나라의 인구 밀도와 가용(可用)한 국토 면적에 비추어 볼 때 건물의 고층화는 필연적일 수밖에 없다. 급격한 고층화 추세에서 '화재로부터의 안전'이 더욱 강화되는 것은 당연한 수순이다. 그래서 나는 벽산이 갖고 있는 내화 제품 기술 개발에 역량을 집중했다. 선진국에 비해 턱없이 부족한 화재 안전 기준에 대한 정부

규제가 강화되고 소비자의 인식이 높아지면, 블루오션(Blue ocean)에서 얘기하는 '비고객'을 우리의 고객으로 만들 수 있다는 신념에서 추진한 일이었다.

가치 혁신의 기본 철학은 경쟁자를 염두에 둔 경쟁이나 혁신을 넘어서 "고객으로 돌아가라"라는 것이다. 즉 자신이 생각하고 있는 고객 범주와 고객 니즈를 다시 한번 점검해서, 누가 진짜 우리의 고객인지를 냉정히 파악한 다음 고객이 정말 원하는 것은 과감히 혁신하고, 그렇지 않은 것은 축소하라는 것이다.

벽산이 생산하는 제품 가운데 BACE라는 제품이 있다. Byucksan Autoclaved Cement Extrusion의 약자로, 시멘트를 진공 압출 성형한 제품이다. 취임한 지 3개월도 안된 나는 이 건축 자재에 대한 지식이 부족했기 때문에, 베이스 제품이 실제로 적용된 사례를 보기 위해 청담동에 있는 샘터 화랑을 찾아갔다. 해질녘에 도착한 건물 앞에서 나는 그만 넋을 잃고 말았다. 우리가 생산한 건축 자재인 베이스로 만든 건축물이 너무나도 아름다웠기 때문이다. 다들 시대에 뒤떨어진 제품이라고 했지만 이렇게 아름다운 조형 공간을 창조할 수 있는 제품이라면 자부심을 가져도 좋을 만했다.

건물을 설계한 최두남 교수도 베이스 제품의 자연 친화적인 특성과 재질에 대해 각별한 애정을 가지고 있었다. 나는 회사가 위기에 빠진 이후 상심한 사원들에게 우리 회사의 제품으로 외벽, 내벽, 바닥을 만든 이 아름다운 건물을 직접 보게 했다. 그 해 7월, 독일에서 발행되는 『프레스텔 (Prestel)』이라는 건축 전문 잡지는 이 건물을 1998년 한국에서 가장 아름다운 건물로 실었다. 나는 베이스 제품의 평활도를 비롯해 획기적인 품질

향상을 지시했다. 제품의 품질이 균일하지 못하여 그때까지는 주로 고속도로의 차음벽, 지하철의 지하도 벽면에 시공되던 베이스를 가장 아름다운 건축 자재로 바꾼 것이다. 아무도 흉내 내지 못하는 벽산만의 블루오션을 개척한 것이었다.

바보들은 항상 결심만 한다

변화를 읽고 많은 생각을 하고 선택을 하는 것은 머리가 하는 일이다. 머리가 하는 일은 머리에서만 그쳐서는 안 된다. 손과 발이 바빠져야만 바라는 결과가 나온다.

1999년 카를로스 곤(Carlos Ghosn) 사장은 위기에 빠진 닛산 자동차에 부임하여 2년 만에 부활 신화를 이루어냈다. 그는 성공 요인이 무엇인지에 관해 질문을 받자, "닛산 회생은 95퍼센트가 실천에 의하여 이루어졌습니다"라고 대답했다. 변화와 혁신의 대명사로 통하는 잭 웰치(Jack Welch)는 현직을 떠난 뒤 "더 신속하게 행동하지 못한 것을 후회한다"라고 털어놓았다. 중성자탄으로 불릴 정도의 엄청난 속도로 GE를 완전하게 다른 회사로 탈바꿈시킨 그도 은퇴한 다음, 재임 시절을 돌이켜 보면서 더 높은 실천력으로 더 큰 변화를 이루지 못한 것을 아쉬워했다.

생각과 실천 사이의 차이를 최대한 좁혀야 한다. 디지털 기업 환경에서 실천력이 높은 기업과 그렇지 못한 기업 사이의 차이는 점점 더 심화되고 있다. 이제는 큰 것이 작은 것을 이기는 세상이 아니라 빠른 것이 느린 것을 이기는 세상이다. 변화하는 세상에서 '결심만 하는 바보'는 아무 소용이 없다.

큰 흐름을 보는 눈

북극해의 거대한 섬인 그린란드의 바다에는 거대한 얼음덩어리들이 둥둥 떠다닌다. 바다 아래에 잠긴 부분의 10~20퍼센트만이 수면 위로 나온 이 거대한 얼음산들은 바다의 조류를 따라 따뜻한 곳으로 흘러간다. 얼음산이 바다에서 떠다니는 장관을 구경하기 위해 해마다 많은 여행객들이 그린란드로 몰려든다.

모두들 이 엄청난 얼음덩어리를 보며 감탄하고 있을 때 한 소년이 아버지에게 물었다.

"아버지, 이 큰 얼음산은 모두 동쪽으로 가는데, 왜 작은 얼음 조각들은 다른 쪽으로 흘러가는 거죠?"

실제로 바다의 수면에 떠서 흘러가는 작은 얼음 조각들은 거대한 빙산과는 반대 방향으로 움직이고 있었다. 소년의 물음에 아버지는 아들의 머리를 쓰다듬으며 말했다.

"큰 빙산은 수면 밑에 더 큰 몸체를 지닌 채 떠다니는 것이어서 바다 깊숙한 곳의 조류를 따라 흐른단다. 하지만 작은 부스러기 얼음덩이들은 물 표면의 바람과 물결에 의해서만 움직이지. 그래서 서로 다른 방향으로 흘러가는 거란다."

선택은 포기와 동의어다

우리의 삶은 선택의 연속이다. 아침에 몇 시에 기상할지, 식사는 무엇으로 할지, 오전 운동은 몇 분 정도 하는 것이 적당할지 매순간 선택과 결정을 내려야 한다. 기업의 일상은 매순간 이보다 더 복잡한 선택의 순간으로 이루어진다.

외부 조달의 길이 사방으로 막히자 벽산은 현금을 확보하기 위해 결정적인 선택을 해야 했다. 나는 그 동안 벽산과 관계를 유지해 오던 회사 중에서 제품과 직접 관련 있는 회사를 포함해 세계적인 기업의 CEO 앞으로 제휴, 협력, 지분 참여, 사업 매각 등을 제안하는 이메일을 발송했다.

얼마 되지 않아 캐나다와 미국의 회사로부터 답신이 왔다. 나는 프레젠테이션을 위해 재빨리 비행기에 올랐다. 하지만 막상 도착해 보니 답신 내용과는 달리, 캐나다의 JM이 우리를 초청한 목적은 그들의 시장을 공고히 하자는 것이었다. 지체할 것 없이 나는 곧장 미국의 오웬스 코닝으로 날아갔다. 나는 이동하는 동안 자동차 안에서 햄버거로 식사를 때워가며 그곳에 도착했다. 하지만 그곳의 면담도 엉뚱한 방향으로 흘러갔다.

"지금은 투자 결정을 내리기에 좋지 않은 시기다."

"무슨 말이냐? 우리는 당신네 CEO로부터 승인을 받았다는 전갈을 받고 왔다."

"올해 안에는 해외에 투자할 여력이 없다."

나는 눈앞이 캄캄해지는 것을 느꼈다. 희망을 안고 떠났던 출장에서 아무런 성과도 없이 돌아온 다음날, 예상치도 않았던 곳에서 희소식이 날아들었다. 프랑스의 석고 보드 메이커인 라파즈에서 연락이 왔다. 5개월 전에 보낸 서신에 대한 답장을 이제야 보내온 것이었다. 그들은 오래 전부터 한국 시장을 조사해 왔으며 아시아 지역에 진출하기 위한 전략적 의도를 가지고 있었다.

당시로서는 벽산의 핵심 사업은 석고 보드였다. 이는 경부고속도로 곳곳에 있는 광고판에 잘 나타나 있었는데, 거기에는 두 마리 병아리가 석고 보드 위에서 편안한 모습을 하고 있었다. 이런 핵심 사업을 매각한다는 것은 사업을 포기하는 것이나 다름없었다. 그렇지만 나는 며칠간의 고심 끝에 생존하기 위한 방법이 이것뿐이라면 이 길을 택할 수밖에 없다고 결정을 내렸다. 1998년 여름, 라파즈와의 석고 보드 매각건을 반드시 성사시켜야 한다는 일념으로 벽산은 분주하고도 조용하게 움직였다.

살아남기 위해 알짜 사업을 포기하다

라파즈의 국제 사업 개발 부사장인 데이비드 캘로는 공장을 둘러보고 서울로 돌아오는 비행기 안에서 벽산의 석고 보드 공장이 좋은 품질의 제품을 효율적으로 생산하고 있으며 공장 직원들이 서구 수준을 만족시킬 정도로 잘 훈련되어 있음을 확인할 수 있었다고 말했다. 이로써 벽산이 할 수 있는 일은 다한 것이고 이제는 결정을 기다리는 일만 남아 있었다.

라파즈가 법률 자문으로 한국의 김&장을 선정했다. 나는 규모가 큰 로펌으로 대응하지는 않기로 결정했다. 회사 사정상 법률 자문 비용도 만만치 않았지만, 내가 꼭 관철시켜야 할 조건만 분명하게 해 두면 충분히 처리할 수 있는 변호사가 떠올랐기 때문이다. 나는 평소에 가깝게 지내던 국제적인 자산 거래 전문 변호사를 찾아냈다.

정체 불명의 외국인들이 자주 회사에 들락거리면 회사 안팎으로 소문이 퍼지기 마련이다. 이때쯤 나는 그룹의 회장에게 석고 보드 공장을 매각할 수밖에 없는 이유를 충분히 설명하였다. 공장 건설을 직접 설계하고 추진했던 회장에게 공장 매각은 생살을 도려내는 아픔이었을 것이다.

협상이 진행되고 있던 그때, 전 세계 석고 보드 메이커 1위인 미국의 USG에서 벽산을 방문하겠다는 연락을 보내 왔다. 물론 그들이 석고 보드 공장에 관심이 없다는 것을 잘 알고 있었지만 라파즈에는 USG의 접촉 소식을 흘렸다. 지난번 미국 오웬스 코닝의 악몽을 기억하는 한 안심할 수 없기 때문이었다. 지불 방법을 두고 양사의 이견을 좁히지 못하자, 나는 실무진에게 짐을 싸서 떠나는 제스처를 취하라고 했다. 당황한 기색이 역력한 그들에게서 결국 타협안이 나왔고 이로써 한 달여를 끌었던 긴박하고도 어려운 협상이 종결됐다. 그토록 바라던 일이 성사되는 순간이었지만 기쁨보다는 슬픔이 밀려들었다. 벽산인들에게 석고 보드 공장은 자존심 자체였다.

어제의 나를 버려야 새로운 나를 만날 수 있다

1998년 6월 2일부터 시작된 석고 보드 매각 협상은 7월 29일 가계약을 맺고 만 4개월이 지난 12월 2일에 모든 것이 마무리됐다. 벽산은 여수의 석고 보드 공장의 생산 제품에 대해 10년간의 독점 판매권을 갖게 됐고 공장 직원들의 고용 승계도 보장받았다. 벽산은 석고 보드 공장의 매각으로 700억 원의 현금 흐름을 해결하여 벽산의 차입 구조를 해결하는 돌파구를 마련했고, 라파즈는 독점 판매 대리인으로서 안정적인 시장 진입과 세계화의 발판을 마련했다.

석고 보드 공장의 매각 사실이 알려지던 날, 벽산은 큰 혼란에 빠져들었다. 모두에게 믿기지 않는, 믿을 수도 없는 소식이었다. 매각을 추진한 나에 대한 원망이 극에 달했다. 그러나 모든 것은 시간이 흐르자 눈에 보이는 것들이 해결해 주었다.

계약금과 중도금을 받고 나서 나는 데이비드 캘로 부사장에게 이렇게 제안하였다. "라파즈가 한국의 벽산, 동부 석고 보드 공장을 인수했지만 2개 공장의 제품을 한꺼번에 취급하는 것보다 벽산 공장에서 생산한 제품 전량을 벽산 브랜드로 판매하는 것이 유리할 것이다. 왜냐하면 벽산의 브랜드 인지도가 높은데다 벽산의 다른 제품과 시너지 효과를 낼 수 있기 때문이다." 그는 나의 제안을 검토해 보기로 약속하였다. 그런 뒤 일주일 뒤에 보스턴 컨설팅 그룹의 관계자가 나의 제안을 조사하기 위해 나를 방문해 왔다. 2주에 걸친 현장 조사를 끝내자 데이비드 캘로로부터 나의 제안을 수락한다는 연락이 왔다.

순간 눈앞이 뿌옇게 흐려지는가 싶더니 굵은 빗줄기 같은 눈물이 계속 흘러내렸다. 주주가 그토록 애지중지하던 사업을 내가 매각하는 결정을 내리다니……. CEO라는 직업은 오로지 회사의 생존만을 생각해야 하는 직업인가? 선택과 포기는 이율배반적이지만, 살아남기 위해서는 핵심 사업을 포기할 수밖에 없었다. 그때는 석고 보드 공장의 매각이 최선의 선택이었다.

그렇지만 나는 변화와 혁신으로 난관을 극복해 나갈 수 있다는 아주 값진 기회를 얻었다. 순간은 고통스럽지만 먼 미래를 바라보는 선택은 그래서 더욱 값진 것이다.

인간이 시도하는 가장 위대한 도전 가운데 하나는 실제로 존재하지만 그 실체를 볼 수 없는 것을 이해하고 그것에 접근하는 것이다. 유용한 것이라고 해서 모두 가시적인 것은 아니기 때문이다. 우리의 상상력도 이런 배경에서 가지를 뻗어 나가야 한다. 보이지 않는 것의 실체, 가보지 않은 길에서 당신의 상상력을 발휘하라. 상상력은 스스로의 노력과 열정을 먹고 자란다.

상상력은
훈련을 통해 자란다

3

추종으로는 리더십을 얻을 수 없다

정신 의학자인 양창순 박사는 『당신 자신이 되라』에서 인간이 얼마나 자기중심적인 존재인지를 독일의 시인이자 화가인 빌헬름 부슈(Wilhelm Busch)의 치통에 관한 풍자를 통해 잘 설명하고 있다. "어금니가 아프면 그 작은 어금니 안에 영혼이 집중되는 것이 인간이다. 이럴 때에는 지구 반대편에서 지진이 일어난다고 해도 내가 앓고 있는 치통만큼 심각하지 않다."

이렇듯 인간은 자기중심적인 존재다. 인간의 속성적인 측면에서 보자면 이기심이며, 긍정적으로 표현한다면 나르시시즘(Narcissism)이라 할 수 있다. 그리스 신화에 등장하는 나르키소스는 수려한 용모를 지녔지만 정작 연못에 비친 자신의 모습에 반해 비탄하면서 죽음에 이르렀다. 거울이라는 도구, 반사라는 추상 명사가 이토록 어렵고 무지몽매한 것일까!

인간은 자존심에 상처를 입었을 때 가장 괴로워한다. 자신이 세상의 중심이 되어 모든 사람으로부터 인정받고 사랑받아야 하는데, 이런 소망이 충족되지 않거나 비난받으면 가장 힘들어진다. 반대로 자기 만족, 즉 나르시시즘이 충족되면 자존심은 안정적인 상태에 이르고 타인의 확인과 인정과 사랑을 받으려고 더욱더 노력하게 된다. 따라서 건강한 나르시시즘의 소유자들은 자신의 감정 상태나 단점을 잘 파악하고 있으며 어떻게 하면 타인으로부터 인정받을 수 있는지, 자신의 가치를 똑바로 유지할 수 있는지를 알고 있다.

에리히 프롬(Erich Fromm)도 『인간의 마음(The Heart of Man)』에서 "나르시시즘은 생존의 욕망보다 더 강한 열정"이라고 표현했는데, 긍정적이든 부정적이든 간에 나르시시즘에 대한 명확한 인식은 자신이나 조직의 경영과 깊은 관계를 맺고 있다. 여기서 자신을 사랑한다는 것은 자신을 온전히 파악하고 자신의 이름값을 위해 매진할 수 있는 열정을 가리킨다.

CEO는 건강한 나르시스트

기업의 CEO는 참으로 다양한 사람들과 만난다.

나는 만 28년 동안 삼성그룹에서 근무하였기 때문에 새로운 명함을 건넬 때마다 "조그만 회사에 근무하게 되었습니다"하고 인사를 한다. 사실 매출액이 2,000억 원이 채 안되는 회사이니 삼성그룹사에 비하면 작아도 한참 작다. 그런데 100명 중 100명 모두 "벽산이 왜 작은 회사입니까?"하는 반응을 보였다. 나는 한동안 이 반응을 답례(?)라고 생각했다. 그러다 내가 매출액 등으로 인식하는 벽산과 상대방이 인식하는 회사 사이에 무엇인가 보이지 않는 차이가 존재하는 것 같다는 생각을 하기 시작했다.

1998년 8월, 나는 눈이 번쩍 뜨이는 신문 기사를 찾아냈다. 면도날 한 가지로 세계적인 기업이 된 질레트가 '로케트' 건전지를 인수하였는데 그 브랜드 가치로 680억 원을 별도로 지불했다는 것이다. 곧바로 신문사에 문의해 '로케트'의 브랜드 평가를 담당한 회사를 접촉해 벽산의 브랜드 평가를 의뢰했다. 당시 벽산의 자금 사정은 몇 푼이 아쉬운 상황이었지만, 로케트 건전지의 브랜드 가치가 680억 원이라면 '벽산'의 브랜드 가치는 몇천억 원은 될 것이라는 믿음으로 4,000만원이라는 비용을 선뜻 부담했다.

나는 벽산이 가진 브랜드의 가치를 너무나 절실하게 알고 싶었다. 그런데 누구도 생각하지 못했던 3,000억 원이라는 브랜드 가치가 산출됐다. 벽산에 취임한 이후로 가장 든든한 버팀목을 만난 기분이었다. 강력한 확신의 기운 같은 것 말이다.

나는 '기업 회생(Turn around)'을 주제로 지금까지 100회 가까이 특강을 해 왔다. 나에게는 특강에 응하는 한 가지 기준이 있다. 공익성이 있는 강의를 우선 하고 기업의 특강은 자제한다는 것이다. 그런데 나의 이런 원칙을 무너뜨리는, 어떤 CEO의 강의 요청을 받았다. 그 CEO는 자신의 회사의 사업 특성상 교대 근무를 해야 하기 때문에 똑같은 강의를 두 번이나 해 달라고 요청했다. 그것도 공익 단체가 아닌 개인 회사이면서도 계속 연락을 취해 왔다. 그 CEO는 바로 안철수 연구소의 안철수 대표(현 의장)였다. 어찌나 간곡하고 정중하던지 나는 기꺼이 그들의 전략 회의 장소인 포천으로 향했다.

소를 탄 사람이 소를 찾다

　나의 눈에는 내용과 순서가 똑같은 두 번의 강의를 직원들과 같이 앉아서 처음부터 끝까지 경청하는 안철수 사장의 모습이 들어왔다. 강의를 마치고 차 타는 곳까지 배웅 나온 그에게 내가 질문했다.

　"안 사장님, 두 번이나 똑같은 강의를 들었는데 지루하지 않았습니까?"

　"지루하다뇨? 저는 오늘 브랜드 가치라는 것을 새롭게 깨달았습니다."

　이미 널리 알려진 안철수 사장이지만, 처음 대면한 그는 대단히 겸손한 데다 항상 새로운 것을 찾으려는 의지를 눈빛에 담고 있었다. 그런 그가 내 강의 가운데 벽산의 숨은 브랜드 가치를 찾아낸 얘기를 듣고 뭔가 확 달아오르는 것을 느꼈다고 한다.

　조선 시대의 고승인 청허 스님은 "소를 탄 사람이 소를 찾고 있다"라는 유명한 법어를 남겼다. 만약 소를 찾는 데 내가 조금이라도 보탬이 되었다면 그 이상 기쁠 것이 없겠다. 마치 수면 위의 부분만 보이는 빙산처럼 대차대조표나 손익계산서에서는 기업의 실질적인 가치가 나타나기 어렵다. 이 때문에 기업의 인수 합병을 위해 브랜드, 표준, 기술, 인재 등 훨씬 중요한 실질 가치를 평가하려면 수면 아래의 가치를 제대로 읽어야 한다는 의미로 '빙산형 대차대조표'라는 개념이 쓰인다. 우연의 일치인지 그 시점으로부터 2, 3개월 후 안철수 사장은 『지금 우리에게 필요한 것은』을 비롯하여 연거푸 2권의 책을 출간하였다.

인생의 바다에 가장 큰 그물을 던져라

나는 SK텔레콤 윤송이 박사의 동정란을 빼놓지 않고 읽는다. 무엇이 오늘의 그녀를 있게 해 주었느냐는 질문을 받고 윤 박사는 "궁금증을 참지 못하는 성격이었어요. 궁금증이 완전히 풀릴 때까지 파고드는 편이었죠"라고 말한다. "너는 왜 그런 걸 궁금해 하니?"라고 되묻는 선생님이 없었던 것이 오늘의 그녀를 만든 장본인이었다는 것이다. 교과서에 쓰여 있는 대로, 선생님이 말한 것에서 멈추지 않은 논리력과 사고력이 그녀를 키워냈다는 말이다.

인생의 진정한 비극은 우리가 충분한 능력을 갖고 있지 않는 것이 아니라, 오히려 가지고 있는 능력을 충분히 활용하지 못하는 데 있다. 벤저민 프랭클린(Benjamin Franklin)은 미처 활용되지 못한 채 낭비되는 재능을 "그늘에 방치한 해시계"라고 불렀다. 너무 많은 조직과 사람들이 스스로 의식하지 못하는 사이에 자신의 해시계를 그늘에 방치한 채 살고 있다. 이렇게 그늘에 가려진 재능을 밝은 곳으로 나오게 하는 것이 바로 창의적인 생각이다.

"나는 창의적이지 않다"라고 생각하는 사람들은 아인슈타인, 퀴리, 셰익스피어만이 창의력을 가지고 있다고 생각하기 때문에 자신의 창의력을 억누른다. 앞에서 열거한 위인들은 창의력이 다른 사람들보다 뛰어난 것은 사실이지만, 이들도 갑자기 창의력이 봇물 터지듯 쏟아져 나와 위대한 아이디어를 떠올린 것은 아니다. 오히려 그들은 아주 사소하지만 새로운 아이디어에 주의를 기울이고 여러 가지로 생각해 보면서 더 큰 아이디어를 떠올리려고 노력했기 때문에 위대한 작품과 발명품을 만들 수 있었을 것이다.

왜? 왜? 다섯 번만 외쳐 보면 사물이 다르게 보인다

2005년 4월. 어느 일간지 인물란에서 「서울대학교 음악대학에서 가장 인기 있는 강사」라는 기사를 읽었다. 정재봉 씨. 그가 맡고 있는 '피아노 구조 및 관리' 강좌는 해외 명문대 박사 출신 교수들의 수업을 제치고 학기마다 가장 먼저 마감을 하는데 그의 강좌는 다른 수업과는 달리 '음(音)'을 직접 체험하는 방식으로 진행된다.

정 씨가 피아노 내부에서 소리를 만드는 해머를 깎아서 음색이 변하는 것을 학생들에게 직접 보여 주면, 어려서부터 연주만 해 오던 학생들은 자신이 다루는 악기의 실체를 비로소 알고 눈이 동그래진다. 그가 악기와 인연을 맺은 것은 전남 목포의 고교 시절이었다. 그는 악기가 어떻게 만들어지기에 아름다운 소리를 내는지 무척 궁금했다. 연주자는 소리가 제조되는 과정을 모르고, 악기 수리를 하는 기술자들은 대개 악기 안에서 머무른다. 정 씨는 이 둘 사이에 다리를 놓고 싶어 시작한 연구열로 1991년 독일에서 '클라비어바우어(Klavierbauer)' 라는 국가 공인 자격증을 따게 되었다.

인간은 자신이 보고 싶은 것만 본다

　"어떻게 그런 생각을 해냈지?"라고 감탄만 할 일은 아니다. 기존의 것이 나빠서가 아니라 늘 새로운 것, 효율적인 것을 찾으려고 끊임없이 생각하는 사람들이 있기 때문에 가능한 일이었다. 어느 날 문득, 기발한 아이디어가 떠올라 주는 것이 아니라 어떤 사안에 대해 관심을 갖고 지켜보고 그 안에서 더욱더 아는 것을 찾기 위해 생각하는 과정을 거쳐야만 기발하고 창의적인 아이디어가 나온다.

　"인간은 자신이 보고 싶은 것만 본다"라는 줄리우스 카이사르의 말은 창조적인 마인드의 전환이 쉽지 않은 이유를 가장 간단하게 설명하고 있다. "사람마다 호수를 보는 방식이 다르다. 수학을 전공한 사람은 둘레 길이를 측정해 표면적을 계산하는 방법을 먼저 생각하고, 영문학을 전공한 사람은 호수에 대한 시를 떠올리고, 부동산 전문가는 호수를 끼고 어떻게 땅을 개발할지 골몰한다." 이같이 호수를 둘러싼 우스갯소리의 이면에는 각기 전공이 다른 사람들이 하나의 호수를 바라보는 방식이 얼마나 다를 수 있는지를 잘 보여 준다. 사람은 늘 자신의 관심사에 따라 생각을 움직인다. 세상 모든 일과 사회 현상을 일과 연결해 생각하며 무한한 상상력이라는 아이디어 뱅크로 전송시키는 것이다.

　삼성중공업에서 메가블록(Mega block) 공법을 이용한 선박 제조가 화제에 오른 적이 있었다. 수천 톤에 달하는 선박을 마치 아이들의 블록 장난감처럼 끼워 맞추는 방법이 바로 메가블록 공법이다. 통상적으로 배 한 척을 만드는 데 필요한 블록은 100여 개 정도다. 그런데 이 블록을 다시 여러 개로 쪼개 그것을 육지에서 조립한 뒤 해상 크레인을 이용해 도크로 옮긴다. 이렇게 되면 도크 내 작업은 기존에 비해서 절반 이하로 줄어들고 도크 회전율도 높아진다. 이런 방법을 착안한 삼성중공업은 연간 선박 건조량을 25척에서 30척으로 늘리게 됐다.

삼성중공업의 발상도 언제든 자기 일과 연결해 생각을 확장시킬 수 있다. 건축 자재 사업에 몸담고 있는 필자도 "웬만한 건물 규모를 능가하는 배 한 척이 만들어지는 과정에서 메가블록 공법을 도입할 수 있다면 건축물에서도 가능하지 않을까?"라며 생각의 지평을 열기 시작한다. 이렇게 관점을 바꾸어 보면 메가블록 공법은 경이의 대상만 되는 것이 아니다.

그렇다면 당신의 내면 세계에는 어떤 건물이 세워져 있는가? 어떤 건축 재료가 그 건물을 지탱해 주고 있는가? 돈, 자존심, 가족, 대인 관계 중 어떤 재료를 써서 인생의 건물을 만드는 데 이용하는지 한번 생각해 보자. 인생의 바다에다 그 생각들을 그물망으로 드리워라. 생각하고 또 생각해 보라. 생각하는 경쟁력은 실로 엄청나다.

두려워하지 말고 시도하라

일을 시작해서 끝마칠 때까지 완벽해야 한다는 생각은 그것이 주는 긴장과 불안감 때문에 오히려 업무 수행의 유연성과 창의력을 저해하기 쉽다. 이는 운동할 때 몸에 힘이 들어가고 긴장을 하게 되면 좋은 결과를 얻을 수 없게 되는 것과 마찬가지 이치다.

사실 최선을 다한다는 것과 완벽을 추구한다는 것 사이에는 엄연히 차이가 있다. 최선을 다한다는 것은 긍정적인 감정의 결과물이다. 전자는 내가 노력을 다했음에도 불구하고 결과가 뜻한 만큼 나오지 않아도 그대로 받아들이겠다는 마음이다. 최선을 다했기 때문에 그 자체만으로도 후회가 없다. 그러나 완벽주의자는 내가 원하는 대로 결과가 나오지 않으면 견디지 못한다. 그러다 보니 자신이 제어할 수 없는 결과마저 통제하려는 마음으로 불안과 긴장감을 느끼기 때문에 잘 풀릴 일도 오히려 그르치기 쉽다.

완벽함을 추구하려는 내면에 도사리고 있는 것은 자신이 가장 두려워하는 결과가 나타날지도 모른다는 두려움이다. 인간은 결코 완벽할 수 없다. 인간이 인간다울 수 있는 것은 실패와 오류의 경험으로 더 나은 것을 추구한다는 데 있다. 항상 높은 목표를 잊지 말아야 하지만 실패를 겁먹지 말고 시도하는 과정을 통해서 자신감을 쌓아 가야 한다.

내가 아닌 다른 사람이 되려고 하지 마라

인간은 다른 사람처럼 되고자 하기 때문에 자신의 잠재 능력 중 4분의

3을 상실한다고 한다. 자신이 이상적으로 생각하는 역할 모델과 비교하면서 자신을 끌어내리기 때문에 스스로에 대한 확신이 약해지기 때문이다. 에인 랜드(Ayn Rand)의 소설 『마천루(The Fountainhead)』에 나오는 한 건축가의 일화가 생각난다.

어릴 때 농장 저택 뒷문을 드나들며 물건을 배달하던 한 소년이 성장해 부자가 됐다. 그는 자신이 동경해 마지않던 그 저택과 똑같은 집을 지어 달라고 건축가에게 부탁했다.

"고향에 있던 그 저택과 똑같은 집, 똑같은 환경을 만들어 주십시오. 꽃도 같은 것으로 키울 겁니다. 똑같이 키울 수 있는 방법을 찾을 겁니다. 비용이 얼마가 들든지 상관없습니다."

건축가가 말했다.

"당신이 짓고 싶어하는 것은 집이 아니라 추억의 기념관입니다. 그리고 이 추억의 기념관도 당신의 것은 아닙니다. 당신의 일생이나 성공에 관한 기념물이 아니라 당신 위에 군림했던 사람들의 지배가 만든 기념물입니다. 어째서 그 지배권을 영원한 것으로 만들기 위해 이다지도 애를 쓰는 겁니까? 당신의 남은 인생을 그 지배권에 또 맡기시려고요? 고작 그것 때문에 평생을 싸워 온 것입니까?"

건축가는 단호하게 그 집을 지어 줄 수 없다고 말했다.

나는 참으로 소중한 사람

이 이야기는 내가 아닌 다른 사람이 되고자 열망했던 한 남자의 짧은 기록이다. 그런 어리석음과 불행은 지금도 우리 주변에서 되풀이되고 있다. 누구든 나보다 못한 사람을 동경하지는 않는다. 나보다 잘난 사람, 나보다 많은 것을 가진 사람을 동경한다. 그런 열망이 나도 모르게 점점 커지다 보면 내가 아닌 다른 사람을 닮으려고 애를 쓰게 된다. 그러면 실제의 나는 점점 작아지게 되고 사라진 자신의 존재감에 대한 비참함과 공허감만 남게 될 것이다.

헝가리의 작가인 산도르 마라이(Sandor Marai)는 『열정(Die Glut)』에서 "내가 아닌 다른 사람이고 싶은 동경, 인간에게 그것보다 더한 시련은 없다"라고 지적한다. 그런 사람은 오로지 자신이 가지고 있는 것을 세상이 차지하고 있는 것과 타협할 때에만 자신의 삶을 견딜 수 있다.

누군가를 동경하다가 그 동경 때문에 오히려 자신이 초라해질 바에야 차라리 자신의 마음속에 있는 우상이나 영웅들을 지워 버리라고 말하고 싶다. 스스로 영웅이 되고, 스스로 스타가 되려는 생각을 하라는 것이다. 누군가를 선망하고 동경한다는 것도 좋지만, 그것 때문에 자신이 파괴된다면 그만큼 어리석은 일도 없다.

내가 좋아하고 존경할 만한 부분을 온전히 배운 다음, 조용히 확신을 가지고 자신의 길을 가야 한다. 이 세상에서 평탄하기만 하고 장애물 없이 성공 가도를 질주해 온 인생은 없다. 그렇지 않다고 생각된다면 당장 자신의 주위에 있는 성공한 사람들에게 물어보라. 그들의 끊임없는 집념과 쓰라린 실패의 경험담을 전해 들을 수 있을 것이다.

이제까지 남이 살아온 인생에 가치를 두고 관심을 두었다면, 이제는 그 관심을 자신에게 쏟아 보라. 자신을 믿어라. 자신을 신뢰하는 사람이 스스로를 저버리는 일은 없다.

생각의 물구나무서기는 보물찾기

누군가 내게 인생을 살면서 가장 큰 기쁨을 느꼈던 순간을 들라고 한다면, 나는 주저 없이 다른 사람들이 "내가 하기에는 힘들 것"이라고 말한 일을 기어코 이뤄 낸 것을 꼽겠다. 실제로 어떤 분야에서 괄목할 만한 성공을 이뤄 낸 사람들은 대부분 다른 사람들이 불가능하다고 생각하는 일에 도전한 사람들이다. 물론 이 도전에서 성공한 사람보다 실패한 사람들이 더 많을 것이다. 그러나 도전하지 않고 불가능을 가능하게 만들 수는 없는 법이다.

나는 이메일을 통해 직원들과 커뮤니케이션하는 것을 선호하는 편이다. 그러나 처음에는 마치 선문답과 같은 모호한 질문을 던지는 CEO 때문에 적잖이 당황했었다는 것이 직원들의 후일담이다. 그중에서도 가장 당황스러웠던 것이 "SK는 자동차 회사인가?"라는 질문이었다고 한다.

"어떻게 SK가 자동차 회사가 될 수 있는가?"에서부터 "SK가 자동차와 관련이 있긴 하지만 전체를 보자면 아주 다른 회사인데 왜 이런 질문을 했을까?"에 이르기까지 생각에 생각이 꼬리를 물어 가지치기를 시작한다. 물론 SK는 자동차를 만드는 회사가 아니라는 것을 모르는 사람은 없다. 그런데 자동차가 출고된 다음 발생하는 애프터마켓의 사업 규모는 엔진, 트랜스미션 등 핵심 부품의 시장 규모보다 몇배나 많다. SK는 주유소 고객 정보와 SKT 가입자 정보와 관련된 분야를 총체적으로 아우르는 데이터베이스를 보유하고 있다. 그래서 이 막대한 데이터베이스를 이용해 새로운 사업 영역을 발견한다면 자동차 메이커보다 더 많은 가치를 창출할 수 있다는 발상의 전환을 유도하기 위한 질문이었다.

평균적이기 쉬운 '나'

파블로 피카소(Pablo Picasso)는 "화가는 태양을 보고 화폭에 노란 점으로 표시하지만, 조각가는 이 노란 점을 보고 태양으로 표현해 낸다"라고 했다. 사람은 같은 사물을 보아도 자신이 보고 싶은 것만 본다. 일과 관련해서도 그것과 관계된 범위에서만 보려고 한다. 그러나 창조적인 것, 새로운 것, 획기적인 것은 평균적이고 관습적인 길에서는 쉽게 발견할 수 없다.

오랫동안 다니던 안전한 길에서 벗어나 때로는 아직 무엇이 있는지 알 수 없는 숲 속으로 굽이친 오솔길에도 발을 들여 보자. 숲 속에서 완전히 길을 잃게 되면 그 상황에서 벗어나기 위해 평소에는 발견할 수 없던 특별한 에너지가 분출된다. 방향을 알 수 없지만 어떤 곳이든 향하게 될 것이고 그러다가 새로운 길, 알려지지 않은 그 무엇을 발견하게 될 가능성이 생긴다.

이것이 창의력이란 사고 구조를 통해 새로운 아이디어로 가는 방법이다. 이때 당신이 보여 주는 상상력과 창의력은 불도저처럼 일거에 관습의 벽을 허물어뜨릴 것이다. 불가능한 것, 아직 아무도 실현해 보지 못한 꿈을 개척하려고 한다면, 먼저 정신적인 벽을 무너뜨려야 한다.

폴 세잔(Paul Cézanne)이 어느 날 자신의 유명한 명작 중 하나인 〈생트빅투아르 산(Mont Sainte-Victoire)〉을 그리고 있었다. 물론 생트빅투아르 산이 멀리 보이는 위치에서 말이다. 그 광경을 지켜보던 한 사람이 조심스럽게 다가와서 물었다.

"똑같은 풍경을 반복해서 그리다 보면 지겹지 않나요?"

"전혀요. 나는 그림을 그릴 때마다 조금씩 캔버스의 각도를 바꿔 놓고 봅니다. 그러면 완전히 새로운 풍경이 나타난답니다."

이처럼 한 가지 사물을 바라보는 것에도 여러 가지 모습과 견해들이 뒤섞여 있다. 마찬가지로 문제 해결에도 여러 가지 방법이 있다.

예를 들어 IT 강국이라는 한국의 교통 신호 체계는 20세기 수준을 벗어나지 못하고 있다. 종로 1가에서 시속 30킬로미터로 주행해 종로 2가나 3가에 도착하면, 뉴욕 맨해튼의 브로드웨이처럼 신호가 계속 터지도록 교통 설계가 되어 있어야 한다. 하지만 실제로 종로에 들어서면 얼마 못 가서 거북이 주행을 하게 된다. 게다가 교통 경찰만 보이지 않으면 신호가 끊어지든 말든 차량들의 꼬리가 이어져 금방 길이 막혀 버린다. 교통개발

연구원 자료에 의하면 2003년 교통 혼잡 비용이 자그마치 20조 원이 넘는다고 하는데, 이는 **KTX** 사업비인 18조 원보다 많은 액수의 돈이다. 관점을 바꾸어 효과적인 교통 설계를 하게 되면 국가 경쟁력을 높이는 데 교통 혼잡 비용을 쓸 수 있다.

기업 내부에서도 이런 일이 벌어지는 경우가 비일비재하다. 목적과 수단이 바뀌거나 일을 제대로 처리하지 못해 뒤엉켜 버리는 데는 여러 가지 이유가 있다. 외부 환경은 급격히 변하는데 조직 형태와 사람은 예전 방식을 고수하고 있기 때문이다. 고도 성장기에 초과 수요로 얻어진 경영 실적을 마치 자신의 실력으로 이뤄 낸 것처럼 착각에 빠지는 공급자 중심의 사고 방식도 문제이지만, 부서 이기주의와 군대식 조직 문화에서 배운 권위주의, 전체를 보지 못하는 닫힌 사고 방식도 여기에 한몫을 한다. 경쟁력 있는 기업이라면 이런 문제를 개혁하여 새로운 프로세스로 기업 구조를 바꿀 것이다.

한의학의 고전으로 일컬어지는 『황제내경(黃帝內經)』의 핵심은 "불치기병 치래병(不治己病 治來病)"이라고 한다. 병이 오기 전에 치료를 하면 못 고치는 병이 없으니 병이 나기 전에 다스려야 한다는 뜻이다. 대부분의 기업이 부실화되는 경우는 단기적으로 경영 실적이 호전되거나 경영 지표가 호전되었다고 혁신을 소홀히 한 결과이다.

머리띠를 두르고 입으로만 외치는 제2창업은 그저그런 이벤트일 뿐이다. 기업이 가야 할 먼 여정을 조직의 모든 구성원이 함께 걱정하며 어떤 어려움도 극복할 수 있는 역량을 구축하는 것이 참다운 혁신이다.

발상의 전환은 친숙한 것을 버리는 것

　지금도 많은 직장인들은 연말 또는 월말만 되면 보고서를 작성하느라 시간을 낭비한다. 정리해서 보고하는 작업은 당연히 필요하겠지만, 중요한 것은 방법이다. 개선이 필요하다는 것이다. 벽산도 그랬다.

　벽산에서는 제품 판매와 고객 관리를 모두 일일이 수작업으로 작성하고 있었다. 제품의 표준화를 추진하면서 표준화에 따른 서류만 해도 두꺼운 책 몇 권이 되고, 한 가지 제품의 표준이 바뀌면 직원들은 일일이 해당 서류를 찾아 확인하고 수정하는 과정을 거치다 보니 서류가 몇 배로 늘어났다. 해마다 서류는 쌓여만 갔다. 게다가 이를 상부에 우편이나 팩스로 보고라도 하게 되면 같은 서류가 중복되어 또 늘어났다. 이들 정보를 주고받는 데 기다리는 시간도 무시할 수 없었다.

　하지만 지원, 영업, 회계 등 각 부서에서 나오는 데이터를 컴퓨터에 저장하고 검색하여 사용하면서 업무가 훨씬 수월해졌다. 본사와 공장, 지점을 엮는 네트워크를 구성하고 부서 내에서 중복되는 업무나 불필요한 업무는 정리했다. 그룹웨어를 설치해 전자 결재 시스템을 도입하고 메일을 이용하자, 며칠씩 걸리던 결재가 팩스나 행랑을 사용하지 않고도 몇 배나 빨라지게 되었다.

　지금은 이 시스템에 익숙해져 전혀 어렵지 않지만 처음 인트라넷을 구축할 때만 해도 직원들은 "거기에 들일 돈이 있으면 월급이나 한 푼 더 주지"라며 못마땅해했다. 컴퓨터로 시스템을 정비하고 나면 혹시 정리 해고라도 당하는 것은 아닌지 걱정하는 이들도 있었다. 사람은 친숙한 것을 좋아한다. 그러나 친숙한 것은 어제까지 유효했던 방식이다. 끊임없이 더 효율적인 방법을 찾아가야 한다.

루돌프 줄리아니(Rudolph W. Giuliani) 전 뉴욕 시장은 위기 상황에서 리더가 내려야 할 의사 결정은 무엇(What)이 아니라 언제(When)라고 했다. 결정을 내리지 못하는 사람은 격변하는 기업 환경을 감당하기 어렵다. "No decision is worse than bad decision." 우리말로 직역하면 "우물쭈물 하다가는 큰일납니다"라고 해석할 수 있겠다. 2002년 9월 11일 뉴욕 세계무역센터에 대한 알 카에다의 공격으로 빚어진 참상을 당시 줄리아니 시장은 신속하게 모든 상황을 진두지휘하여 사태를 수습하였다.

큰 그림을 보게 하라

변화는 총체적으로 진행되어야 한다. 회사의 유통 부문을 바꿔야 할 경우 유통 조직뿐 아니라 조직 전체를 변화의 범주에 포함시켜야 진정한 변화를 이룰 수 있다. 변화는 과감하게 집 밖으로 나서는 것이며, 자신이 머물고 있는 집이 전부라고 생각해서는 아무것도 바꿀 수 없다.

한때 세계 시계 시장의 90퍼센트를 지배했던 스위스는 시계 산업이 자신들의 왕국이라는 자만에 빠져 있다가 '디지털'이라는 세계화의 흐름을 놓치고 말았다. 스위스의 시계 기술자 몇몇이 디지털 기술을 개발했지만,

정작 자국에서는 이를 냉대했고 외국에서 관심을 가졌다. 그 결과 디지털 기술은 외국으로 팔리고 20년 후에 스위스 시계의 세계 시장 점유율은 8퍼센트대로 추락하고 말았다.

그리 멀지 않은 시절이다. 한때 새롭게 보이고 싶은 것에는 무조건 'I'라는 글자를 붙이던 때가 있었다. 1990년대 중반에 몰아닥친 인터넷 열풍을 타고 인터넷(Internet) 첫 글자를 딴 I가 뉴미디어 시대를 상징하는 아이콘이 된 것이다. 시간이 흐르면서 I는 electronic에게 그 자리를 내줘야 했고 e는 전자정부(e-government), 전자 상거래(e-commerce), 전자 교육(e-learning) 등 당시 우리에게는 너무도 생소했던 신조어를 양산하는 일등 공신이 되었다. 이처럼 일단 첫 글자를 갖다 붙이기만 해도 뉴미디어 시대를 앞서가는 진보적인 행동으로 비치는 때가 우리에게 있었다.

엄청난 역사적 변화의 현장에서 남아프리카 공화국의 최초 흑인 대통령이 된 넬슨 만델라(Nelson Mandela)는 집권 후에 고질적인 흑백 갈등에 휘말리지 않았다. 그는 남아프리카 공화국의 미래만을 생각하고 사람들의 관심을 그쪽으로 몰아갔다. 결국 그는 모두의 우려를 불식시키고 전근대적인 인종 차별 국가를 당당한 세계의 일원으로 합류시켰다. 무욕의 정치가라 불리는 그가 350년에 걸친 인종 차별 정책을 철폐하면서 이렇다 할 흑백 간의 유혈 충돌 사고도 없이 통합에 성공한 것은 '남아프리카공화국의 미래'라는 큰 그림에 초점을 맞추었기 때문이다.

우리나라의 큰 그림이 국가 지도자들의 몫이라고 한다면 나 자신의 큰 그림은 10년 후의 모습일 것이다.

비워야 채울 수 있다

모든 것은 비워야 채워진다.

처음 벽산에 왔을 때였다. 짧은 기간 내에 회사 업무 전반을 파악하느라 점심 시간을 아껴 샌드위치로 때우고 잠시 세면장에 가기 위해 사무실 문을 열었다. 그런데 내 방 앞에서 보고를 하기 위해 대기하고 있는 직원들의 줄을 보고 나는 깜짝 놀랐다. "이 건이 반드시 사장인 내가 결정해야 할 일인가?"라고 묻자, 모두들 당황스러워했다.

그때 나는 그렇게 중요한 일은 아니지만, 별 생각 없이 습관적으로 상사의 결재를 받으러 온 그들의 표정을 읽을 수 있었다. 그들은 과거의 경험상 도장 하나를 잘못 찍어서 오해를 받았던 일을 떠올리면서, 앞으로 닥칠지 모르는 책임 전가를 위해서 증거가 있는 편이 더 유리하다고 판단했는지도 모르겠다.

인간의 성취 욕구는 기본적인 욕구만큼 강하다. 무언가를 이루고 싶고 자신이 이룬 것들을 남들이 인정해 주길 바라는 것이다. 조직에서 일하는 사람은 개인적으로 일하는 사람보다 조직을 통해서 더 큰 성취를 이루는 기쁨을 맛볼 수 있다. 만약 이들이 보고하기 위해 가져온 일들을 스스로 결정하게 하면 어떤 일이 일어나게 될까? 그 일들을 해당 부서 담당자가 결정하게 되면, 담당자는 자신이 결정한 사항에 대해 더욱더 책임감을 가지게 될 것이고, 나는 내가 결정하지 않아도 될 일에 에너지를 낭비하지 않아 시간을 벌 수 있다.

'시간을 정복한 남자'인 러시아의 과학자 알렉산드르 류비셰프(Aleksandr A. Lyubishev)는 "인생은 시간의 집합"이라고 했다. 어떻게 보면 인간의 삶은 '누가 시간을 더 버는가?' 하는 경주의 연속인지도 모른다. 시간을 벌 수 있다는 것은 또 다른 채움을 가능케 하는 결정적 요소다.

니콜 키드먼 주연의 영화 〈디 아더스(The Others)〉는 1세대 귀신과 2, 3세대 귀신을 함께 등장시킨 공포 영화이다. 이미 저 세상 사람이 되는 순간 이 세상 모든 것들을 버리면 편안해질 텐데 버리지 못하는 집착. 거기서 공포가 만들어진다.

조직의 리더는 산의 정상에서 항상 전후좌우를 360도로 바라보는 사람이다. 높은 곳에서 변화를 예측하며 미래를 준비하는 사람이다. 지금 당신이 서 있는 산꼭대기에서 보고 있는 것은 무엇인가? 진정으로 새롭게 보고 싶은 무엇이 있다면 지금 들고 있는 것부터 먼저 비워 내라. 그리 길지 않은 시간 내에 새로운 것들이 눈에 선명하게 보일 것이다.

동산에 오르는 자는 마을을 얻고
태산에 오르는 자는 천하를 얻는다

나를 따라다니는 별명 중에서 지금까지도 사라지지 않는 별명이 하나 있다. '101 사나이'. 이런 별명이 평생 따라다니게 된 것은 석유가 배럴당 2달러 60센트에서 12달러로 다섯 배나 폭등한 1차 석유 파동 때였다.

1973년 런던 지사에서 근무하는 도중 서울에 들른 나에게 직속상관도 아닌 한참 위의 임원이 점심을 같이하자고 했다.

"이번에 베이루트에 새 지점을 개설하려는데 지점 개설에 경험 있는 자네가 맡아 주면 어떻겠나? 결정은 자네가 하게. 강요하는 것은 아니네."

1973년에 몰아닥친 중동발 석유 파동으로 세계 경제는 제1, 2차 세계대전에 비견되는 혹독한 시련을 겪고 있었다. 이런 변화를 예견한 김정열 사장은 "오일 머니를 캐 오라"는 지시를 내렸다. 당시 국제 유가는 뛰어올랐고 산유국은 넘쳐 나는 석유 수입으로 엄청난 이익을 올리고 있어서, 이를 놓칠세라 산유국의 넘쳐 나는 돈을 긁어 올 수 있는 사람을 찾기 시작한 것이었다.

말이 좋아서 오일 머니이지 그것을 그리 쉽게 벌 수 있다는 보장은 없었다. 이제 막 자리를 잡은 런던 지사를 버리고 떠나자니 아쉬운 게 한두 가지가 아니었다. 런던에서는 가족과 함께 있을 수 있지만 중동에 가면 가족과도 떨어져야 할 뿐 아니라, 그곳에 진주가 기다리고 있을지 지뢰가 기다리고 있을지는 아무도 모르는 일이었다.

하지만 언제나 조금이라도 멀리 보려는 도전 의식이 화근이었다. 계속 런던에 남아 있을 수도 있었지만 나는 중동으로 떠나기로 결심했다. 이것이 나에게 또 다른 기회라는 확신이 들었기 때문이었다. 큰 흐름으로 보면 분명히 새로운 기회가 생길 것 같았다. 그것만 찾아낸다면 나에게 큰 기회가 올 것이라고 생각했다.

나는 레바논 베이루트의 무역진흥공사(KOTRA)의 사무실 한쪽 공간을 빌려 임시 연락처로 정했다. 당시 우리나라 사람들에게 낯설던 중동 지역의 문화는 'IBM 문화'라고 불리곤 한다. I는 인샬라(Insha Allah, 알라의 뜻이라면), B는 부크라(Bukra,내일 또는 다음), M은 말리시(Malish, 미안하다)를 의미한다. 인샬라는 약속, 계약 등 미래의 일을 말할 때 덧붙이는 표현이다. "최선을 다하겠지만, 앞으로의 일은 온통 신의 뜻이므로 사람이 나선다고 되는 것은 아니다"라는 뜻이 들어 있다. 그리고 일반적으로 중동 사람들은 거절을 직접 표현하지 않는데, 부크라는 '내일'이라는 원뜻과는 달리 상대방의 부탁이나 요구에 대한 거절의 의미로 많이 쓰인다. 말리시는 "할 수 없지, 뭐", "내 잘못이 아니야", "그걸 가지고 뭘 그래" 정도로 해석된다.

나는 그야말로 IBM으로 몇 개월 동안 가슴을 태웠다. 나는 당시 외환 관리가 엄격해 본사로부터 송금을 받는 나그네 신세였다. 그런 주제에 을 지로 삼성 빌딩에 체이스 맨해튼 지점이 있다는 사실 하나만으로 체이스 맨해튼 베이루트 지점장을 찾아가 돈을 꿔 달라고 했다. 어이없어 하는 지점장과 친하게 되어 큰 금액의 신용장을 개설하고 있는 고객 명단을 얻어 낼 수 있었다.

그때 문득 런던에 근무할 당시에 들은 한국 대사관 참사관의 말이 떠올랐다. "아르메니아 사람을 알아두게. 아르메니아인의 장사 수완은 유대인 일곱을 잡는다네." 나는 고객 명단에서 아르메니아 출신들만 골라서 접촉을 시도했다. 결국 미국에서 헌 옷을 무게 단위로 구매해 판매하는 상인이 군복 납품이 가능한지를 타진해 왔다. 샘플을 보여 주어도 그는 삼성이 믿을 만한 회사인지에 대해 경계심을 늦추지 않았다. 나는 직감적으로 군복 몇만 장 때문이 아니란 것을 알아차렸다.

"삼성이란 회사를 직접 보여 줄 테니 나랑 서울로 갑시다." 서울에 도착한 그는 본사 임원을 만나고 건물까지 들러 본 뒤에도 여전히 감춰 둔 이야기를 꺼내지 않았다. 그는 꼼꼼하게 제품을 살펴보고 나서 나에게 같이 사우디아라비아에 가자고 제안했다. 군복 3만 장이 멸치잡이에 해당한다면 그 상인의 머릿속에는 고래잡이가 숨어 있었다.

멸치잡이 머릿속에 든 고래잡이

사우디아라비아 국방부 간부가 내놓은 거래 물품 품목은 278개였다. 계절별로 군인들이 몸에 걸치는 것은 모조리 그 안에 들어 있었으며, 금액으로는 1억 달러가 넘었다. 당시 삼성그룹 연간 수출액이 2억 달러였으니까 1년 수출액의 절반이 넘는 어마어마한 물량이었다. 놓쳐서는 안 될 거래였다. 대규모 거래인 만큼 사우디아라비아 국방부도 한국 국방부의 보증을 요구했다.

그 길로 한국 대사관을 찾았다. 그런데 도움을 줄 것이라 생각했던 대사관은 도움은커녕 어떻게 그런 초특급 정보를 알았는지에 더 큰 관심을 보였다. 나는 이래서는 안 되겠다 싶어 한국행 비행기를 탔다. 국방부 보증 문제는 본사에 맡기고 품목들의 원가 계산과 샘플 제작 작업에 들어갔다. 원가 계산만 6개월이 소요됐고 샘플 작업은 1년 가까운 시간이 들었다. 일요일도 없었고 일에 차질이 생기지 않을까 신경을 곤두세우며 시간을 보냈다. 드디어 샘플만 보여 주면 된다는 생각에 설레고 있을 때, 걱정하던 일이 현실로 나타났다. 그만한 규모의 사업에서 방해 세력이 없다면 오히려 그게 더 이상한 일이다.

사우디아라비아가 한국 정부의 추천을 받은 업체들 중에서 공식 업체를 지정하겠다고 말을 바꾼 것이었다. 이 프로젝트를 진행하는 사람도 실무자가 아닌 기업 임원들로 구성하겠다고 통보를 해 왔다. 나는 그 동안 일한 것이 한순간 물거품으로 돌아가는 것을 느꼈다. 결국 우리 회사를 포함하여 3개사로 구성된 시찰단과 함께 사우디아라비아로 떠났다. 현지에서 시찰단은 내가 1년 동안 공들인 샘플과 가격표를 3개 회사가 공동으로 사용하는 것으로 결론을 냈다. 하지만 나는 이를 받아들일 수 없었다.

사람은 물러날 때와 나설 때를 알아야 한다고 한다. 하지만 그 판단 기준이란 참으로 모호해서 매 순간 어느 것이 나에게 유리한지 따지기도 쉬운 일이 아니다. 솔직히 나는 그런 방식을 별로 좋아하지 않는다. 대신 나는 원칙을 중시하는 편이다. 사람의 도리, 기업의 도리, 그런 것들을 놓고 따져 봤을 때 내가 옳은 길이라고 믿는 대로 가는 수밖에 없다.

절대 내놓을 수 없습니다

정부 관계자와 기업체의 임원들로 구성된 시찰단 앞에서 일개 실무 직원에 불과한 나는 물러서지 않았다. 1년 동안 쏟아 부은 열정이 한갓 물거

품으로 사라지는 것을 그대로 내버려 둔다는 것은 눈앞의 손실을 넘어서 나 자신에 대한 배반 행위라고 생각했다. 아니, 평생 이 일을 후회하면서 살고 싶지 않았다는 게 더 정확했다. 나에게 전체 품목의 가격표를 내놓으라고 당당하게 요구한 시찰단장에게 나는 다른 서류를 내놓았다. 서류를 받아 든 시찰단장은 격분한 어조로 말했다.

"자네, 지금 뭐 하는 건가, 맛 좀 봐야 알겠나?"

"그 동안 있는 고생, 없는 고생 다하면서 만든 것입니다. 절대 내놓을 수 없습니다."

그들은 한 발짝 뒤로 물러났다.

"그 동안 고생한 것은 알고 있으니 삼성이 더 많은 물품을 수주하는 선에서 마무리하세."

나는 그것도 받아들일 수 없었다. 도리에 어긋나는 일이었기 때문이다. 다른 기업들은 정부의 인맥을 동원해 이번 사업에 참여할 기회를 얻었지만, 나는 1년이란 시간을 고스란히 바쳐 그것 하나만을 위해 일해 왔다. 참여한 회사마다 물밑 작업이 치열했지만, 아무리 뛰어난 로비스트라 하더라도 1년 동안 한 일을 단 며칠 만에 완성할 수는 없는 일이었다.

결국 3개사가 동시에 입찰하는 방식으로 결정되고 적정 가격을 써 낸 기업이 사업 전체를 맡기로 했다. 원가 계산의 결과를 아는 사람은 나뿐이었지만, 공개 경쟁 입찰이므로 안심할 수는 없었다. 나는 반드시 1억 달러는 넘겨야겠다고 생각하면서 대입을 준비할 때 즐겨 듣던 미국의 '101 오케스트라'를 떠올렸다. 고민 끝에 '101'이라는 숫자를 생각해 냈다. 나는 입찰표에 '1억 100만 달러'를 적었다.

입찰을 마치고 여러 달이 지났다. 사우디아라비아 정부의 결과 발표는 계속 지연됐고 서울에서는 괜한 고집을 부려 그나마 일부라도 수주할 수 있는 일을 통째로 날려 버리게 됐다는 말이 돌기 시작했다. 만약 이 계약을 다른 회사가 수주하게 된다면 나의 앞날은 불을 보듯 뻔했다. 입찰 결과를 기다리는 시간은 참으로 초조한 시간의 연속이었다. 아무것도 하지 않고 내 인생을 송두리째 흔들어 놓을 만한 폭발력을 땅속에 묻어 놓고, 그것이 터지나 안 터지나 지켜보는 심정이었다. 그것은 고문이나 다름없었다.

정확하게 일곱 달이 지날 무렵, 드디어 사우디아라비아가 계약 업체를 발표했다. 결과는 삼성물산의 단독 수주였다. 그래서 나는 원하든 원하지 않든 간에 오랫동안 '101 사나이'로 불리게 되었다.

시각의 차이는 생각과 행동의 결과를 완전히 뒤집을 수도 있다. 마치 사격할 때 몇십 분의 1밀리미터라도 조준이 빗나가면 명중률이 전혀 달라지는 것과 마찬가지다. 그래도 단 한 번도 내 선택과 판단을 후회하지 않았다. 어쨌든 그런 상황이 다시 와도 나는 같은 선택을 했을 것이다.

동산에 올라가 주위의 경치에 압도되어 열중하게 되면 당장 눈앞에 보이는 풍광을 취할 수 있을지는 몰라도 산 전체를 바라보는 시각은 잃어버리게 된다. 작은 이익이 큰 가치를 해치게 내버려 둘 수는 없는 일이다. 동산에 오른 사람은 동산 아래 동네를 볼 수 있지만 태산에 오른 사람은 천하를 볼 수 있다.

우리가 두려워해야 할 것은 두려움 자체다

대부분의 사람들은 익숙한 방식으로 살아가기를 원한다. 다가오는 5년 이라는 기간이 자신의 삶을 걸어야 할 시간이라는 것을 깨달으면 어떤 어려운 결심도 못할 일이 없지 않을까?

불투명하고 두려운 미래를 바라보기보다는 현실 속에서 안주하고 싶어 하는 게 인간의 속성이다. 그러나 아무리 발버둥 쳐도, 또 두려워서 도망 가거나 피하고 싶어도 세상은 변한다.

이것은 미끄럼틀 꼭대기에 올라섰을 때 실제보다 더 가파르고 위험하 게 느껴지는 것과 같은 두려움이다. "혹시 무슨 일이 생기지는 않을까? 뭔 가 잘못 되지는 않을까?" 미리 겁을 먹으면서 스스로에게 되뇌는 강박 관 념이 두려움의 실체다. 그러나 정작 두려움은 대부분 상상에 의해서 만들 어진 것이거나 실체가 없는 허상에 불과하다.

1930년대 들이닥친 미국의 대공황 시절, 절망에 젖어 있는 미국 국민들 에게 용기를 심어 준 프랭클린 루스벨트(Franklin D. Roosevelt) 대통령은 "용기 있고 끈질기게 뭔가를 시도하라. 만약 실패하면 다른 방법으로 시 도하라. 가장 중요한 것은 포기하지 않고 끝까지 시도하는 것이다"라며 미국민들을 설득했다. 우리는 먼저 두려움을 다루는 방법, 그에 맞서 싸 우는 용기를 배워야 한다.

벽산을 구해 주시오

모든 두려움은 유용한 에너지를 가지고 있다. 청중들 앞에서 연설을 하기 위해 나온 연사, 출발선에 서 있는 육상 선수들이 느끼는 두려움에는 추진력으로 전환되는 마력과 같은 힘이 존재한다. 나는 그 마력과 같은 에너지를 용기와 믿음이라고 부르고 싶다.

"벽산을 구해 주시오!" 창립 이래 최대의 위기를 맞은 벽산의 사장직을 수락하는 자리에서 벽산그룹 회장이 나에게 한 말이었다. 1998년 1월, 사장실을 향하는 나의 각오는 비장함 자체였다. 지금도 나는 당시에 두려움이 없었다고는 감히 말할 수 없다. 하지만 어떤 희생을 치르더라도 살아남겠다는 의지, 다시 말해 죽음의 낭떠러지가 아니라면 모든 것을 포기할 수 있다는 믿음에서 용솟음치는 에너지가 여기까지 오게 만들었다.

지금 생각해 보면 벽산 사장으로 처음 주재한 회의에서 직원들은 석고 보드가 뭔지도 모르는 사장을 보면서 "과연 저 사람이 회사를 살릴 수 있을까?"하고 의구심을 가졌을 게 분명하다. 아니, "이제 올 것이 왔구나!" 하는 절망감까지 느꼈을지도 모를 일이다. 그러나 화학 제조업이든, 기계 가공업이든, 서비스업이든, 건설업이든 간에 경영의 근본은 한 방향으로 귀결된다. 건설과 관련된 경험이 전무하고 건축 자재에 대한 지식이 없다고 해서 경영을 할 수 없는 것은 아니다. 항상 문제를 올바르게 파악한 다음에 최선의 해결 방안을 찾아 노력을 한 곳에 집중하면 아무리 어려운 문제도 해결할 수 있다.

긍정적으로 생각하라

적자가 매출액의 20퍼센트에 가까운 300억 원이나 되고 외상 매출 채권이 10퍼센트 이상이 되는 부실 기업을 살리려면 변화는 불가피하다. 나는 자금의 유동성을 높이기 위해 알짜배기 공장을 외국 회사에 매각하고 80퍼센트가 넘는 건축 자재 총판 대리점을 정리했다. 그러자 "김재우를 믿고 일할 수 없다"라는 대자보가 돌기 시작했다. 두려움이 불안을 만들고 있었던 것이다.

나는 게시판을 통해 "나를 믿고 따라오지 못하겠다면 나는 여기서 그만두겠다"라는 의사를 밝혔다. 나의 강경한 의지 앞에서 직원들의 반발은 수그러들었다. 당시 나는 한 번도 벽산이 살아남을 것이라는 사실을 의심하지 않았다.

그리고 1년 뒤, 벽산은 살아남았다. 회생 속도가 크게 돋보였던지 1998년 12월 나는 청와대 오찬에 초대되기도 했다. 그때 헤드테이블에 앉으면서 지난 2년 동안 벼랑에 선 '건축 자재의 대명사 벽산'을 구해 내기 위해 얼마나 마음을 졸였는지 상기하면서 마음껏 기뻐했다. 결국 벽산은 워크아웃을 성공적으로 졸업했다.

두려움에 직면한 사람은 딱 두 가지로 분류된다. 어떤 문제가 생겼을 때 "나는 할 수 없어"라며 주저앉는 사람과 "나는 할 수 있어"라며 긍정적으로 생각하는 사람이다.

취해야 할 것과 버려야 할 것

산에 오를 때 사람들은 일정한 간격으로 멈춰서 발 아래를 내려다본다. 쉬기도 하고 얼마만큼 왔는지 궁금하기도 하기 때문이다. 그리고 앞으로 가야 할 거리도 가늠해 본다. 발 아래로 보이는 경치가 넓게 펼쳐질수록 흐뭇한 성취감이 밀려온다. "아, 내가 제법 많이 올라왔구나." 이제 정상이 얼마 남지 않았으니 다시 힘을 내자고 스스로 격려하는 것도 이때다. 이런 멈춤이나 돌아봄이 없다면 어떻게 될까? 정상까지의 산행이 더욱 어렵고 힘들어질 것이다.

만약 당신이 30대 중반의 과장이라면 당신에게 가장 많은 영향을 미친 사람이 누군지 생각해 본 적이 있는가? 개인 차이는 있겠지만 대부분 자신의 인생에서 가장 큰 영향을 미친 사람은 자신을 제외하고는 부모님 그리고 가까이에서 일하고 있는 동료들이다. 그런 관점에서 보면 오늘의 중년은 과거에 의해서 형성된 존재이며, 부모와 동료의 가치가 사고의 중심에 자리잡고 있다. 우리는 이처럼 과거에 형성된 사고와 가치에서 무엇을 취할 것이고 무엇을 과감하게 버려야 할 것인지 결정해야만 한다. 왜냐하면 그것이 우리의 미래와 직결되어 있기 때문이다.

기업은 기업을, 사람은 사람을 벤치마킹한다

나는 삼성물산 평사원일 때 특별한 능력을 가진 상사를 만나는 행운을 가졌다. 당시 과장이었던 그는 '복잡한 사항을 단 한 줄로 요약하는' 데 뛰어났다. 아무리 복잡한 상황이라도 그는 간단하게 표현하는 기술이 뛰어났다. 일본에는 전통적으로 '하이쿠'라는 고유의 단시(短詩)가 있다. 단한 줄에 은유적이고 함축적인 표현을 실어 시를 완성한다. 그래서인지 하이쿠는 그 어떤 장시보다 단숨에 사람의 마음을 찌르듯이 파고든다.

아무리 얽히고설킨 사안이라도 그의 앞에 가면 "이건 이거야"로 간단히 끝난다. 그가 말하는 순간은 모든 일들이 명쾌해진다. 어떤 의미에서 그는 천재였다. 그가 생각하는 방법, 말하는 방법, 일하는 태도는 나를 스스로 단련하게 만들었다. 내가 그 사람이 될 수는 없지만 그에게서 배우고 싶은 것은 내 것으로 만들어야 한다고 생각했다. 기업은 기업을 벤치마킹하지만, 사람은 사람을 벤치마킹한다.

내게 사표(師表)가 된 분으로 임원 시절에 사장으로 모신 분이 있다. 마음먹은 것을 즉시 실천하지 않고는 못 견디는, 실천력이 엄청난 분이었다. 당시 종합상사의 업무는 '라면에서 미사일까지'라고 표현할 정도로 존재하지 않는 상품까지도 취급하였다.

마술이나 마당극을 보면 접시를 돌리는 기술이 있다. 접시를 기다란 막대 위에 올려놓고 돌리면서 재주를 부리는 것인데, 그를 이 접시돌리기에 비유하자면 한 번에 스무 개의 접시를 돌리는 인물이다. 나는 스무 개의 접시 중 하나였고, 그는 나에게 일을 잘할 수 있도록 칭찬과 독려를 아끼

지 않았다. 나머지 열아홉 개의 접시들도 나와 똑같은 방법으로 세밀하게 잘 다루었다. 모든 접시의 특징을 파악하고 한 번에 모든 접시를 다 관찰하는 것은 요행수가 아니다. 그만큼 동시다발적으로 여러 가지 일을 해내는 능력이 빼어난 상사로부터 나는 글로 표현하기 어려울 정도로 많은 것을 배웠다.

직관을 믿어라

나는 과거에도 그랬고 앞으로도 일을 할 때 두 선배가 내게 준 가치와 사고 방식을 그대로 이어갈 것이다. 이 두 선배는 나에게 버리고 싶지 않은 과거의 유산인 셈이다. 오늘의 나는 과거에 형성된 나이므로 과거로부터 온전히 자유롭지는 않겠지만, 미래를 읽는 힘을 얻으려면, 그리고 불연속적인 변화의 시대에 살아남으려면, 과거로부터 형성된 나를 온전히 되돌아볼 수 있어야 한다.

거기에는 당장 시급하게 털어 내야 하는 유산도 있을 것이고, 잊고 살았던 실패의 쓰라린 교훈도 그대로 남아 있을 것이다. 멀리 갈 것도 없다. 과거를 통해 현재를 딛고 미래를 보면 많은 것이 보이게 된다. 물론 산을 다 올라왔을 때도 '정상에서의 고요'는 아예 생각하지 않는 게 좋다. 산꼭대기일수록 고요는커녕 심하게 몰아치는 바람과 또 다른 도전이 기다리고 있다. 전후좌우 어디를 둘러보아도 어제와 다른 새로운 미래뿐이라는 사실을 알아야 한다. 산봉우리에서 정상에 도착했다는 생각은 1초면 충분하다.

『목적이 이끄는 삶(The Purpose Driven Life)』에서 릭 워런(Rick Warren)은 "삶에 의미가 있다면 인간은 모든 것을 견딜 수 있지만, 반대로 삶에 의미가 없다면 그 어떤 것도 참을 수 없다"라고 했다. 따라서 당신의 천 년을 보고 싶으면 지금 바로 그 자리에서 일어나서 보아라. 그리고 당신이 읽은 미래에 대한 확신을 가져라.

빌 게이츠도 자주 직관에 의지하라고 했다. 심지어 월스트리트에서 일하는 사람들조차 직관에 의해 도움을 받는다고 한다. 당신도 직관이 알려주는 대로 움직이면 된다.

삶을 향한 목표에 충실하라

지구상에서 가장 춥고 건조한 대륙 남극에서도 뜨거운 확신과 실행의 감동이 존재한다. 프랑스 감독 뤽 자케(Luc Jacquet)가 13개월 동안 황제 펭귄과 동고동락하며 촬영한 다큐멘터리 〈펭귄 — 위대한 모험(March of the Penguins)〉에서는 처절하면서도 경외스러운 도전과 확신에 찬 행동가의 면모를 볼 수 있다.

5,000만 년 전부터 남극을 지켜 온 황제펭귄은 종을 보존하기 위해 대단한 모험을 감수한다. 5월 말이면 암컷은 하나의 알을 낳고는 그것을 수컷의 발 위로 조심스럽게 굴려 보낸다. 그 길로 암컷은 먹이를 잡으러 바다로 떠나고, 수컷은 60여 일 동안 꼿꼿한 자세로 알을 품은 채 암컷이 돌아오기만을 기다린다. 풍속이 시속 100킬로미터에 달하고 영하 80도를 밑도는 강추위가 몰아쳐도, 수컷은 아무것도 먹지 않은 채 오로지 자신의 체온만으로 알이 부화하기를 기다린다.

　제 힘으로 알을 깨고 나온 새끼 펭귄에게 수컷은 그때까지 소화시키지 않고 감춰 두었던 먹이를 토해 먹인다. 그 사이에 무서운 바다표범과 위험천만한 빙하를 피해 돌아온 암컷 역시 배에서 소화되지 않은 먹이를 꺼내 새끼에게 먹인다. 나는 이 다큐멘터리를 보면서 황제펭귄과 이를 촬영한 감독에게서 인간의 생존을 훌쩍 뛰어넘는 드라마틱한 삶과 사랑, 죽음과 생존의 파노라마를 읽었다.

　태어난 펭귄 새끼들 중에서 80퍼센트가 이러저러한 이유 때문에 채 성장하기 전에 죽고 20퍼센트만이 살아남아 종족을 잇는다. 생물학을 전공한 뤽 자케는 이 엄혹한 현실을 담기 위해 '세상 끝에서 지내는 14개월 동안의 삶'을 자청했다고 한다. 그는 이렇게 말했다. "나는 남극에서 편안함을 느꼈고 모험의 진정한 감각이 무엇인지를 배웠다. 어떻게 그럴 수 있느냐고 하겠지만, 일단 거기에서 머물면 신체는 어쨌든 적응하게 되어 있다. 몸의 움직임을 최소화하고 무시무시한 바람까지도 어떻게 다루어야 하는지 알게 된다." 나는 그에게서 단순히 한 편의 다큐멘터리를 찍겠다는 일념이 아니라 자연과 삶을 향한 목표에 더없이 충실한 행동가의 면모를 보았다.

프로이트는 집이란 탕자의 귀환이 가능한 곳이라고 말했다. 하지만 조직에서는 탕자의 귀환 같은 것은 아예 존재하지도 않는다. 오히려 내가 그곳에 머물러 있어야 할 때조차도 나를 밀어내는 것이 조직이다.

큰 물고기로 유혹하는 작은 연못

삼성물산에 입사하여 6년 동안 제법 많은 경험을 하면서 새로운 시장을 개척해 냈다. 상담을 맡은 거래의 대부분이 성사되었고 상사로부터 인정도 받게 되었다. 그 동안 한눈 팔지 않고 바쁘게 뛰었다 싶었는데 나에게도 6년 만에 슬럼프라는 것이 찾아왔다.

지금 되돌아보니 사람은 슬럼프에 빠져 있을 때 옆구리에 칼이 들어오는 것처럼 부지불식간에 허를 찔리는 것 같다. 그 칼은 다시 회생할 수 없도록 기력을 빼앗아 가기도 하고 다른 길로 가라고 유혹의 손짓을 보내기도 한다. 나의 슬럼프는 열심히 일해 업계에 이름 석 자를 알렸지만 성취감을 만끽할 수 없다는 이유 때문이었다.

사람은 누구나 성취감을 맛보고 싶어한다. 보너스나 승진도 그런 성취감의 일종이다. 삼성은 그때까지 사원들 명함에 직함을 넣어 주지 않았다. 1년 된 사원이나 6년 된 사원이나 다른 호칭이 없었다. 다른 회사에 다니는 이들은 입사 몇 년 뒤엔 으레 대리, 과장 등의 직함을 달았지만 삼성

사원은 직함이 없어서 '백두 명함'이라 불렸다. 그래서 어딜 가도 직책이 무엇이냐 물어보면 "백두장사 몇 년 됐습니다"라고 말하는 것이었다. 일은 재미있고 신이 났지만, 항상 제자리걸음을 하는 것 같은 무기력함에 빠져 들었다.

당시에는 경기가 활성화되고 신생 기업들이 생겨나기 시작했다. 어느 날 모 기업 사장이 "부장 자리를 줄 테니 와라"라는 제의를 해 왔다. 며칠 동안 부장 자리에 대한 유혹에 빠져 잠까지 설쳤지만, 5년 후의 모습을 그려보면서 생각을 접었다. 삼성물산에 남기로 결정한 것이다. 삼성물산에서 원하는 꿈을 이루지 못했는데, 다른 회사로 옮긴다는 것은 본 게임에 나서기도 전에 미리 나가떨어지는 형국이 되는 것 같았기 때문이다. 직함이라는 눈앞의 작은 이익 때문에 현혹돼서는 안 된다고 생각했다. 나는 지금도 그때의 선택을 믿는다. 가 보지 않은 길에 더 큰 무엇이 존재할 수도 있겠으나, 사소한 미련을 떨치지 못하면 현재 내가 있는 자리도 안전할 수 없다.

문제를 아는 사람이 문제를 풀어낸다

삶은 지구력과의 싸움이다. 참고 인내해야 할 것이 천지에 널렸다. 당장 맡고 있는 프로젝트를 끝까지 밀고 나가야 하는 것도 지구력이고, 원하는 만큼 인정받지 못한다고 느낄 때 물러서지 않는 추진력을 보이는 것도 결국 지구력이 관건이다. 내가 하나를 줬으니 당장 하나 이상의 결과를 내야 한다고 성급하게 군다면 하나도 얻지 못할 때가 많다. 변화하는 것에 적응하기에는 너무 바쁘다고 현재를 참고 견디는 습성까지 잃어 버리면 미래는 보이지 않는다. 지구력은 미래를 보는 자, 몸소 실천하는 사람에게만 보인다.

생각을 행동으로 옮기는 사례 중에 가장 두드러진 사람이 GM을 세계 제일의 메이커로 만든 앨프리드 슬론(Alfred P. Sloan)이다. 그는 3개월에 한 번씩 본인의 행방을 알리지 않고 디트로이트에서 사라지곤 했다. 일주일 동안 각 지역의 판매 대리점에서 이틀씩 영업 사원이나 서비스맨의 조수로 일하면서 직접 현장을 경험했다. 그리고 월요일에 본사로 돌아와 고객의 행동 패턴, 요구 사항들의 변화, 그리고 대리점의 고충을 적은 메모를 직원들이 회람하도록 했다.

이처럼 한시도 경계를 늦추지 않고 부지런한 사람이 만들어 낸 성공은 반드시 그만한 이유가 있다. 성공한 사람의 결과만을 놓고 "남들은 다 잘되는데 나는 이게 뭔가?"라고 한탄하지만, 남도 거저 잘되는 경우는 단 하나도 없다는 게 나의 생각이다. 일류 대학을 나와서, 좋은 부모를 만나서가 아니라, 자신의 목표를 단 한순간도 잊지 않고 노력하며 배우는 자세를 유지하기 때문에 남들보다 몇 배 높은 성과를 내고 일을 잘한다는 소리를 듣게 되는 것이다.

어디로 가는지 모르면 엉뚱한 곳에 도착한다

굴리엘모 마르코니(Guglielmo Marconi)는 눈에 보이지 않는 전파를 꿈꾸었다. 지금 전 세계에 보급되어 있는 라디오나 휴대 전화를 보면 그의 꿈이 얼마나 위대했는지를 알 수 있다. 그러나 마르코니가 전선이나 기타 물질처럼 매체 없이 전파에 의해 공중으로 통신할 수 있는 원리를 발견했다고 발표했을 때, 친구들은 그를 정신 병원으로 데려가 진찰을 받게 했다. 그러나 그는 확고부동했고 오늘날 우리는 그 꿈의 혜택을 톡톡히 누리고 있다.

이처럼 꿈을 실현하려면 무엇보다 목표가 명확해야 하며, 동요됨이 없어야 하고, 꿈을 따르는 확고한 행동이 있어야 한다. 어떠한 고난이나 난관에도 흔들리지 않는 꿈이 있어야만 꿈을 향한 실천의 첫발을 내디딜 수 있으며 흔들림 없이 목표에 도달할 수 있다.

미국 프로 야구 양키스의 전설적인 포수였던 요기 베라(Yogi Vera)는 "당신은 어디로……"라고 말했다. 대부분의 사람들은 표적을 잘 알고 있다고 생각하지만 표적을 모른 채 살피고 있는 경우가 많다. 우선 남들이 그곳을 쳐다보고 있으니까 그쪽을 보고 있을 따름이지 그곳이 정확한 표적인지는 확실치 않은 것이다. 남들이 몸값을 올려 다른 기업으로 스카우트되어 갈 때 한자리에서 맴돌고 있는 사람은 스카우트된 사람보다 능력이 모자라서가 아니라 자신의 정확한 표적을 모르거나 아예 표적이 없는 경우이다.

우리는 고도 산업화·전문화 사회에서 살고 있다. 그러므로 남의 표적,

다수의 표적이 나의 표적이 될 수는 없다. 내가 잘할 수 있는 것, 진정 좋아하는 것, 조금만 노력해도 남들보다 몇 배의 결과를 내는 것, 그것을 표적으로 삼아 집중하는 자세가 필요하다.

당신이 지금 어디로 가는지 아는가? 무작정 남의 뒤를 따라 가고 있지 않는가? 만일 그렇다면 머리에 쥐가 나도록 어디로 가야 할지를 생각하고 결정해야 한다.

꿈이 곧 목표다

1970년대 중반에서 1980년대 중반까지 나는 그야말로 군납 수출의 대명사와 마찬가지였다. 이전까지 존재하지도 않던 새로운 사업 영역을 개척한 속칭 '101 신화' 때문에 나는 중동 지역과 아프리카 대륙을 헤집고 다녔다. 주변 사람들은 "한가롭게 술도 마시지 못하고 여가를 즐길 기회도 없어 고생이 심하겠다"라고 말했다.

그 나라에 어떤 물건을 팔아야 할지를 알기 위해 발이 부르트도록 다닌 나였지만 그것을 고생이라고 생각해 본 적이 없다. 상관들은 "고대 문명 발상지인 유프라테스 강이 흐르는 곳이니 이것저것 많이 보고 오게나"라고 말하곤 했다. 그러나 중동은 지금도 나에게 관광지로서의 개념이 없다. 항상 일과 맞물려 돌아가기 때문에 그곳은 나의 일터일 뿐이다.

자신이 가고자 하는 방향과 목적지를 항상 염두에 두고, 그것만 생각하는 집중력은 사람에게 놀라운 힘을 선물한다. 솔직히 그 과정에서 낭만이나 쾌락 같은 것을 기대해선 안 된다. 외롭고 고독한 자신과의 싸움이지만 불평도 하지 말아야 한다. 일에 빠진 사람은 일 자체를 즐기기 때문에 일을 하지 못하는 상황이 더 무료하다.

　의외로 많은 이들이 남의 눈에 어떻게 비칠까를 놓고 고민한다. 내가 남들이 가는 길을 선택하지 않았다고 해서 그들이 나를 배척하지는 않을지, 우습게 보지는 않을지, 그런 것들에 신경을 쓴다. 유교적 환경 탓이겠지만 남의 눈은 남의 눈일 뿐이다.

　앞으로 한국은 전통적인 가치관으로는 세계 경제 무대에 나설 수 없을 것이고 그 테두리 안에서는 성공할 수도 없다. 자주, 창의, 자아 ……. 그런 단어와 익숙해져야만 자신의 표적에 집중하는 것이 훨씬 수월해진다. 자신이 어디로 가는지 모른다면, 엉뚱한 길로 들어서는 것은 당연지사다. 항상 자신의 표적에 집중해서 어디로 가야 하는지 꾸준히 생각하고 그 길을 가는 데만 집중해야 한다. 표적은 꿈이기 때문이다.

　미국 디트로이트의 포드 기념관에는 "그는 꿈을 꾸는 사람이었다"라는 말이 쓰여 있다. 자동차 왕이라고 불리는 헨리 포드(Henry Ford)가 자동차를 만들게 된 동기는 따로 있었다. 그가 어렸을 때 어머니의 병세가 위독해 말을 타고 의사를 모시러 갔는데, 의사와 함께 돌아왔을 때는 이미 어머니가 돌아가신 후였다. 말이 너무 느렸던 것이다. 헨리 포드는 그때 "빨리 달릴 수 있는 교통 수단을 만들어야겠다"라고 결심했다. 사람들이 보기에 포드는 터무니없는 꿈을 꾸는 사람이었지만, 그 꿈 하나만을 생각하고 연구하고 몰두해 마침내 꿈을 이루었다.

실행이 없는 꿈은 그저 이룰 수 없는 몽상에 불과하며, 꿈이 없는 실행은 그저 아까운 시간만 축낼 따름이다. 달리 말하면 꿈이 있어도 그것을 실행하지 않는 사람은 몽상가이고, 실행은 하지만 꿈이 없는 사람은 맹목적 실행자이며, 꿈도 없고 실행도 하지 않는 사람은 인생의 방관자일 뿐이다.

잠깐이라도 내가 지금 하고 있는 일이 현재와 미래 중 어느 때를 의식하고 있는지 생각해 보자. 현재의 상황에 급급하면서 "이 일이 언제 끝날 것인가?"를 생각하고 있다면 재능을 사용하고 있지 않는 것이고, "언제 또 이 일을 하게 될까?"라는 기대감을 갖고 있다면 그 일을 즐기고 당신의 재능 중 한 가지를 사용하고 있을 가능성이 높다.

당신의 재능을 발휘할 수
있도록 항상 준비하라

4

기업이 필요로 하는 인재의 마음가짐

기업은 어떤 인재를 선호할까?

첫째는 항상 호기심이 있어야 한다. 상사로부터 업무 지시를 받으면 언제까지 해야 할 것인지만 생각하기 쉽다. 그러나 상사가 내게 무슨 목적으로 이런 유형의 지시를 내리는지, 회사는 상사에게 무엇을 요구하길래 이런 업무를 처리하려는지, 이런 업무를 지금의 방식으로 처리하지 않고 더 나은 방식으로 처리할 수 없는지 생각하는 습관을 들여야 한다. 단순히 상사가 시키는 대로 일하는 습관이 굳어 버리면 더 이상 큰 것이 눈에 들어오는 것이 어렵게 된다. '왜? 왜?'를 다섯 번씩 질문해 본 다음 업무를 처리하는 습관이 몸에 붙게 되면 점차 큰 것, 중요한 것을 볼 수 있는 안목이 생기게 된다.

둘째는 나에게 득이 되지 않는 것은 마음에 담아 두지 않는, 즉 비움의 자세가 필요하다. 상사가 말도 안 되는 이유로 호통을 쳤다면, 그건 상사의 문제지 결코 자신의 문제는 아니다. 호통 치느라 상사의 스트레스 지수만 올라갔다고 생각하면 기분이 좀 나아진다. 굳이 담아 두어야 할 필요가 없다. 내가 담당하지 않는 일로 고객이 전화를 걸어 한바탕 분풀이를 했다고 치자. 쓸데없는 전화로 기분이 상하거나 그것을 오랫동안 마음에 담아 둘 필요는 없다.

정리되지 않은 책상을 보면 짜증이 난다. 중요한 서류가 무엇인지도 모르겠고 당장 올려야 할 결재 서류가 어디 있는지도 모르겠다. 그래서 우왕좌왕하다 보면 자연히 시간만 빼앗긴다. 해결책은 간단하다. 책상 위에서 쓸데없는 것을 버리면 된다. 마음의 여유가 없다는 것은 제대로 버리지 못한다는 의미이고 쓸데없는 것을 너무 많이 담고 있다는 뜻이다. 우리는 쓸데없는 것을 받아들이는 데는 익숙하면서 버리는 데는 미숙하다. 업무의 생산성을 위해 버릴 것을 버리는 통제력은 앞으로 사회 생활을 하는 데 있어 필수 조건이 될 것이다. 사소한 것까지 마음에 담아 두고 있으면 정작 중요한 것에 나의 온 신경을 쏟을 수 없다.

셋째로 긍정적인 사고를 해야 한다. 나이가 들면서 깨닫는 것이 하나 있다. 오늘 막히면 내일 하면 된다는 여유다. 해당 업체에 물품의 납기일을 맞추는 일과 같은 것은 기업과 기업 간의 약속이므로 당장 행동으로 옮겨야 하지만, 오랫동안 생각해야 할 중요 안건에 대해서는 성급하지 말아야 한다. 특히 평상심을 유지하지 못한 상태에서 내린 결정은 온전한 판단이기 어렵다.

세상에서 벌어지는 모든 일과 모든 만남은 동전의 양면과도 같아서 부정적인 면과 긍정적인 면이 동시에 존재한다. 어느 쪽을 바라보느냐에 따라서 삶도 달라지게 되어 있다. 잘못된 믿음이나 부정적인 사고 방식에서 벗어나서 합리적인 사고와 긍정적인 마음가짐을 갖는 것이 성공의 지름길이다.

골프 황제 타이거 우즈는 자신이 성형 수술을 할 수 있는 의사가 되지 못했다고 열등감을 느끼지 않는다. 건축가를 대단하게 여기는 사람도 있고 운동 선수를 대단하게 여기는 사람도 있다. 부정적으로 사느냐, 긍정적으로 사느냐, 혹은 자신의 존재에 대해 열등감을 느끼느냐, 자부심을 갖느냐 하는 차이는 사람마다 자신을 판단하는 기준을 어디에 두느냐에 따라 결정된다.

한 경제 전문지에서 내게 "언젠가 은퇴한 다음에 무엇을 할 계획인가?"라고 물었을 때, 나는 "내 건강이 허락하는 한 은퇴는 없을 것"이라고 대답했다. 물론 나는 언젠가 경영 일선에서 물러날 것이다. 그러나 그 뒤에도 여전히 내가 남보다 잘할 수 있는 분야에서 내 역할을 다하고 있을 것이라고 믿는다. 그렇기 때문에 은퇴란 있을 수 없다. 삶을 항상 긍정적으로 보는 시선은 지위와 나이를 떠나 모두에게 중요한 미덕이다.

마지막으로 끊임없이 배우려는 자세를 지녀야 한다. 주변의 동료, 경쟁 회사, 다른 나라에서 "이건 정말 좋은 점이다"라고 생각되는 것이 있으면 바로 실천에 옮겨야 한다. 사실 우리는 '좋다'는 평가는 쉽게 내리면서도 그것을 실천으로 옮기는 것에는 인색하다. 좋은 줄 알지만 내 것으로 만들려는 노력을 하지 않는다. 기업들에 좋은 아이디어가 동시에 있는 경우 그 승패는 실천력으로 결판날 수밖에 없다. 내가 좋은 것을 배운다는 것의 의미는 그 좋은 것을 내 것으로 만든다는 것이다. 항상 좋은 것으로 자신을 채우는 습관이 몸에 밴 사람의 미래는 탄탄대로를 달리는 경주용 자동차와 같다.

1인 기업가, 프로페셔널의 세상이 온다

　피터 드러커는 권한 위양(delegation)의 진정한 목적은 내 일을 다른 사람에게 떼어 주기 위한 것이 아니라 자신의 일을 제대로 하기 위한 목표 달성의 방법이라고 정의했다. 나는 이 노(老) 경제학자의 견해에 전적으로 동의한다. 기업 경영에 있어서 리더가 시간을 낭비하는 가장 근본적인 원인은 조직 스스로 통제하고 수행할 수 있는 사안에 대해 직접 관여하기 때문이다. 다른 사람이 사용할 시간을 리더 자신이 낭비하고 있는 것이다. 기업 조직에서 리더가 일일이 사안에 관여하지 않고 조직 구성원 각자가 책임을 지고 일을 수행하려면 구성원들은 각 분야에서 전문가, 즉 지식 근로자가 되어야 한다.

　기업도 네트워크로 연결된 조직이기 때문에 모든 업무는 상호 연계성을 가지고 있다. 가령 금융 전문가, 구조 전문가, 비즈니스 전문가들이 한 가지 프로젝트를 공동으로 진행한다고 가정해 보자. 처음에는 예산 때문에 금융 전문가가 프로젝트를 주도하게 되지만, 어느 정도 진척이 되면 구조 전문가에게 무게가 쏠리고, 본격적으로 프로젝트가 실행되면 비즈니스 전문가에게로 다시 옮겨 간다. 이 같은 해체와 결합이 빈번하게 이뤄지는 것이 오늘의 현실이다.

　이를 사냥에 비유한다면 갑자기 눈앞에 사슴이 나타났는데 누가 그 사슴을 향해 총을 쏠 것인가 하는 문제다. 그 자리에서 어떻게 할지 고민해서는 안 된다. 그러는 동안 표적인 사슴을 눈앞에서 놓칠 게 뻔하기 때문이다. 여기에는 연공서열이 없다. 당연히 최고의 사냥 실력을 갖춘 사람에게 사슴을 잡을 기회가 주어지게 된다.

　기업에서도 마찬가지다. 회사에 어떤 심각한 상황이나 위기가 닥쳐오면 이를 해결할 사람은 CEO가 아니라, 분야를 막론하고 그 문제에 대해 가장 잘 알고 있는 전문가이다. 프로는 야구 경기에만 있는 것이 아니다. 야채 시장에도, 카센터에도 있으며, 자장면 배달원, 웅진 코디 가운데도 있다. 기업도 그런 프로들을 원한다. 그런 의미에서 요리사 제이미 올리버(Jamie Oliver)의 사례는 시사하는 바가 크다.

성공하는 사람은 위기에도 강하다

　제이미는 젊은 나이에 요리 하나로 백만장자가 됐다. 그런 그에게 온갖 정크 푸드가 판을 치는, 영국 학교의 급식에서 아이들의 건강을 지키라는 도전 과제가 떨어졌다. TV 프로그램 〈제이미의 스쿨 디너(Jamie's School Dinners)〉는 이렇게 해서 시작되었다. 제이미가 보기에도 영국 학교의 급식은 한마디로 경악 그 자체였다. 아이들은 몸에 유해한 인스턴트 음식이 최고의 음식이라고 생각하고 있었으며, 야채는 맛은커녕 듣지도 보지도 못한 식물에 불과했다. 결국 제이미가 정성 들여 만든 건강 요리는 그냥 휴지통으로 들어가는 신세가 되었다.

　제이미는 특유의 욕설을 내뱉으며 급식 담당자와 싸우고, 나쁜 음식을 만드는 회사와 학교 급식 담당 행정가들과 지루하게 토론했으며, 그들을 설득하는 작업에 들어갔다. 아이들은 제이미에게 예전에 자신들이 즐겨 먹던 음식들을 되돌려 달라는 피켓 시위를 하기에 이르렀고, 사태의 심각성을 깨달은 제이미는 무거운 옥수수 모형 옷을 입고 춤을 추면서 즐겁고 신나는 노래로 아이들을 유혹했다. 분위기에 현혹되어 마지못해 음식을 먹던 아이들은 점점 맛에 익숙해지게 되었고 며칠 사이에 진정한 음식의 맛, 몸에 좋은 음식의 느낌을 체험하게 되었다.

이를 지켜본 담당 교사의 설명은 제이미가 이룬 변화의 함의를 잘 전해 준다. "그 동안 집중도가 떨어지던 아이들이 눈에 띄게 차분해졌고 공격적인 태도가 줄어들어 학교가 조용해지기 시작했다." 1인 프로페셔널 기업가인 제이미 올리버가 요리사의 위치를 넘어서 트렌드 아이콘이 된 이유가 바로 여기에 있다.

한국은 '프로 정신'을 실천한 최고의 국가라고 해도 결코 과장이 아니다. 한때 식민 통치로 많은 기회와 교육을 억제당했고 연이은 한국 전쟁으로 나라 전체가 초토화되기도 했지만, 오늘날에는 조선, IT 등 몇몇 분야에서 분명 세계를 주도하고 있다. '프로 정신'이라는 체계와 '혁신'이 새로운 비즈니스를 만들어 냈기 때문이다.

한국의 기업들은 혁신을 체계적으로 적용하는 소집단을 보유하고 있으며 혁신을 조직적으로 진행할 수 있는 가능성을 충분히 가지고 있다. 따라서 앞으로 기업이라는 조직이 필요로 하는 인재는 다방면의 모든 것을 다 잘하는 멀티플레이어가 아니라 한 분야에서 특출한 프로페셔널이다.

당신 속에 잠자는 거인을 깨워라

때로는 과감한 도전에 따르는 위험을 감수하는 것이 안전을 추구하는 것보다 성공 가능성이 높을 때가 있다.

미국 야구 역사상 가장 훌륭한 선수라고 하면 베이브 루스(Babe Ruth)를 들 수 있다. 그의 이야기를 빼면 메이저 리그의 역사를 쓸 수 없을 만큼 그는 야구사에 화려한 발자취를 남겼다. 베이브 루스는 714개의 홈런을 쳐서 1976년까지 세계 최고의 기록을 갖고 있었다. 그러나 아무도 그가 1,330번이나 스트라이크 아웃을 당한 기록의 보유자인지는 모른다. 그의 프로필에서 화려하게 빛나는 714개의 홈런은 1,330번의 삼진 아웃을 필요로 했던 것이다. 이렇게 도전에 따르는 위험과 실패는 성공이라는 열매를 더욱 값지게 만든다.

인간은 선천적으로 부여받은 능력의 4~5퍼센트밖에 사용하지 못한다고 한다. 나머지 96퍼센트의 능력은 사장되거나, 사소하고 자잘한 일상생활에서 허비되고 있다. 이런 저부가가치 항목들이 머릿속에 차 있으니 정작 중요한 가치들이 들어설 공간이 없는 것이다.

따라서 우리 안에는 잠자는 거인이 적어도 몇 명쯤 되는 셈이다. 세계 최강의 싸움꾼인 에밀리아넨코 표도르(Emelianenko Fedor)는 경기 시작을 알리는 공이 울린 다음 가장 중요한 것은 주먹이 아니라 두뇌라고 말했다. 보통 사람이 자기 능력의 5퍼센트밖에 사용하지 못하는데, 10퍼센트를 사용하는 사람은 거인 중에 거인일 수밖에 없다.

능력을 2배로 키워라

시간을 효율적으로 사용할 줄 모르는 사람들만 "바쁘다 바빠"를 외친다. 기업 내에서 핵심 인력이 되기는 고사하고 바쁘게 움직이기만 할 뿐 언제나 시간에 쫓긴다.

하나를 마쳐야 다른 하나를 할 수 있다는 생각은 잘못이다. 컴퓨터를 켜는 1분 동안 고객과 전화 한 통화를 더 할 수 있고 지방 출장 가는 기차 안에서 기획안을 작성할 수 있다. 일을 처리하는 방법에 따라서 시간은 얼마든지 절약할 수 있다. 그러면 아침 식사도 할 수 있고 저녁에 잠도 푹 잘 수 있다.

절약한 시간을 더 효율적인 일에 투자하면 그 사람의 인생은 또 다른 전환기를 맞게 된다. 하지만 낮에 자신의 능력을 최대한 발휘해 일에 몰두하기보다 차를 마시고, 담배 한 대 피우고, 사람들과 잡담하며 5분, 10분을 허비하면 정말 하루가 바쁠 수밖에 없다.

생활 컨설턴트인 어니 젤린스키(Ernie J. Zelinski)는 『느리게 사는 즐거움(Don't Hurry, Be Happy)』에서 "현대인들은 하루의 대부분을 쓸데없는 일에 소비한다"라고 말한다. 우리가 하는 생각의 40퍼센트는 절대 일어나지 않을 것에 대한 걱정이며, 30퍼센트는 이미 일어난 사건들, 22퍼센트는 사소한 사건들, 4퍼센트는 우리가 바꿀 수 없는 것들에 대한 걱정이다. 나머지 4퍼센트만이 우리가 대처할 수 있는 진짜 사건인 셈이다. 결국 96퍼센트의 걱정거리가 우리의 잠재 능력을 차지하고 있는 것이다.

리더십 인터내셔널의 CEO이자 마이크로소프트, 제너럴모터스 등에서 리더십 프로그램을 진행하고 있는 로빈 샤르마(Robin Sharma)는 "사람은 하루에 6만 가지 생각을 하는데 그중에서 95퍼센트는 늘 같은 생각이다"라고 지적한다.

별로 재미있지도 않은 텔레비전 프로그램을 보면서 "왜 이렇게 볼 게 없어"라고 투덜대며 시간을 허비한다. 그뿐인가? 직장 동료의 불쾌한 언행에 언짢아하고, 그것 때문에 스트레스를 받는다. 또한 다른 동료와 그 사람의 험담을 하며 시간을 허비한다. 퇴근 시간이면 당연히 사람으로 미어터지는 걸 알면서도 지하철에 사람이 많다고 신경질을 내며 집으로 돌아간다. 하루 종일 무슨 생각을 했는지 목록을 작성해 보면 대부분은 비슷한 생각들뿐이다. 나에게 좋은 변화를 가져다주는 생각은 거의 하지 않는다. 이렇게 바쁘게 사는데도 내가 사용하는 능력이 전체의 4퍼센트밖에 되지 않는다니!

조금만 덜 스트레스를 받고, 마음의 여유를 찾고, 자신의 일에 조금만 더 몰두해서 시간의 효율성을 높이면 10퍼센트, 15퍼센트, 즉 보통 사람에 비해서 2배, 3배의 능력을 발휘할 수 있다. 잠깐이라도 내가 지금 하고 있는 일이 현재와 미래 중 어느 때를 의식하고 있는지 생각해 보자. 현재의 상황에 급급하면서 "이 일이 언제 끝날 것인가?"를 생각하고 있다면 재능을 사용하고 있지 않는 것이고, "언제 또 이 일을 하게 될까?"라는 기대감을 갖고 있다면 그 일을 즐기고 당신의 재능 중 한 가지를 사용하고 있을 가능성이 높다.

행복을 만드는 조직

헤르만 헤세(Hermann Hesse)는 "우리 인생에서 주어진 의무는 행복"뿐이라고 했다. 그러나 탤런트 김혜자는 『꽃으로도 때리지 마라』에서 헤르만 헤세가 지금의 아프리카 사정을 모르니까 그런 시를 썼을 것이라고 말한다. 이는 행복의 의미가 서로에게 다르기 때문일 것이다. 한치 앞의 희망도 없는 생존의 험난함 앞에서는 시인이 동경하는 행복의 가치가 들어설 공간은 없다.

기업의 행복은 기업 구성원들의 행복뿐 아니라 그들이 속한 가정의 행복까지도 아우른다. 회사에서 상사와 견고한 신뢰 관계가 이루어지면 여러 가지로 행복하다. 우선 일이 즐겁다. 즐겁게 일을 하면 업무 능력도 향상된다. 이와는 반대로 '파킨슨 법칙'은 업무가 그에 할당된 시간만큼 늘어나게 되어 있다고 가정한다. 풍자가였던 파킨슨은 업무에 대한 충성도, 일에 대한 자부심, 조직의 인간 관계나 장래성 등 조직 문화의 특성과는 무관한 이런 법칙을 설파했다. 그래서 과거의 경영자들이 파킨슨 때문에 더 빡빡하게 일을 시키지 않았는지도 모른다.

회사를 영어로는 'going concern'이라고 한다. 'concern'은 '……하는 것', 'going'은 '영원'이라는 의미이므로 이를 합치면 '영원히 계속되는 것'이 된다. 어떤 이는 'concern'의 다른 의미인 '걱정'을 사용하여 '늘 걱정하는 것'이라고 해석하기도 한다. 일견 긍정할 만하다.

하지만 이제 파킨슨 법칙으로는 복잡한 현대 기업의 조직을 설명할 수 없다. 지금의 사원들은 하고 싶은 일에는 밤을 새우지만 하기 싫은 일은 아무리 많은 시간을 줘도 제대로 안 하기 때문이다. 자신이 행복하다고 느끼는 일에 충성을 다하는 것이다. 결국 직원들에게 행복하다는 느낌을 주는 직장이 가장 양질의 노동력을 확보할 수 있다는 결론이 나온다.

IT 기업 컨설팅 회사인 애틀랜틱 시스템스 길드의 공동 대표인 톰 디마르코와 티모시 리스터가 쓴 『피플웨어(Peopleware)』에는 일하고 싶어지는 행복한 직장이 나온다. 그들은 직장에서 불행을 느끼고 열정을 발산하지 못하는 이유로 편하지 않은 공간, 집중을 방해하는 사무실 환경, 그리고 사생활의 희생을 당연시하는 관리자들을 지적한다. 불편한 자리, 계속 울리는 전화, 걸핏하면 고장 나는 사무기기들, 하루에도 몇 번씩 만드는 보고서와 회의 자료, 고요를 깨는 사내 방송 등 자연스러운 일의 흐름을 방해하는 것들이 직원을 불행하게 만든다는 것이다.

나이를 먹었다는 것은 단순히 육체적으로 노쇠해졌다는 것을 말하는 게 아니다. 30~40대임에도 이미 예순의 나이가 느껴지는 사람이 있는가 하면, 예순의 나이에도 젊은이들 못지않은 열정을 보여 주는 사람이 있다. 모든 것이 꿈을 가진 사람과 꿈을 잃은 사람의 차이다. 나는 인생이란 나이로 살아가는 것이 아니라 미래에 대한 꿈으로 살아가는 것이라고 단언한다. 나에게는 여전히 나를 사랑하고 더 나은 미래를 향해 꿈을 꿀 권리가 있는 것이다.

5

나는 나를 사랑하고
꿈꿀 권리가 있다

인생의 방향 지시등, 팀워크와 네트워크

젊었을 때에는 돈을 빌려서라도 훌륭한 인맥을 만들어야 한다. 물은 어떤 그릇에 담기느냐에 따라 모양이 달라지지만, 사람은 어떤 친구를 사귀느냐에 따라 운명이 결정된다. 나이가 들었을 때에는 돈을 빌리지 않고 자신의 능력으로 상대방의 마음을 움직여야 한다. 성공한 사람의 특성은 친구들이나 조력자에게 손을 내밀어 그들의 신실하고도 진정한 도움을 적재적소에 받을 줄 아는 것이다.

유능한 직원은 자기 자신과 주변 사람이 함께 만든 것이다. 성공한 사람들은 주변에 자신을 보완해 줄 파트너를 찾는 데 능숙한 사람일 경우가 많다. 성공한 사람은 자신의 강점과 약점을 생생하게 묘사할 수 있을 뿐만 아니라 자신의 약점을 보완해 줄 친구들과 가까운 거리를 유지하는 방법도 잘 알고 있다.

숫자에는 도통 '젬병' 인 비즈니스맨이 '숫자' 라면 도가 튼 회계사를 파트너로 삼는다거나, 유전자 접합 분야의 천재들이 자신들이 개발한 신약의 특허를 받기 위해 유능한 법률 전문가를 찾는 것은 어떻게 보면 당연한 수순이다. 세상 일이 얼마나 다양하고 복잡한지 생각해 보라! 모든 것을 다 잘할 수 없다는 것은 모든 사람이 결코 완전할 수 없다는 뜻이다. 자기 분야에서 괄목할 만한 성과를 내는 사람들의 특징은 자신이 불완전하며 약점을 가지고 있다는 사실을 기꺼이 인정한다는 점이다. 그래서 그들은 기꺼이 다른 사람에게 도움을 요청한다.

성공하는 사람들의 습관

『탈무드(Talmud)』에 나오는 두 부자의 에피소드는 주변의 힘, 멘토 즉 충실한 조언자의 역할을 단적으로 보여 주고 있다.

어느 날 아버지가 아들에게 마당에 있는 커다란 바위를 옮기라고 했다. 아들은 아버지가 보는 앞에서 최선을 다해 바위를 옮겨 보려고 했지만 능력 밖의 일이었다. 나무 받침대를 가져와 지렛대로 옮겨 보려고 했지만 그 역시 역부족이었다.

"할 수 있는 모든 것을 다 동원했지만 제가 할 수 있는 일이 아닙니다."

"너는 혼자 힘으로만 바위를 옮기려 했다. 바로 곁에 있는 아버지에게 도움을 청하지 않았으니 할 수 있는 모든 노력을 다했다고 볼 수 없다."

우리들은 배울 필요가 없는 것을 배우느라 많은 시간, 신뢰, 그리고 존경을 잃는다. 주변에서 부추기기 때문이다. 그러나 성공하는 사람들은 자신이 잘할 수 없는 일을 그만두고 자신의 주변에서 그 일을 좋아하는 사람을 찾아낸다. 남의 도움을 적절히 받을 줄 아는 것도 주목할 만한 개인적 능력이다. 하지만 적재적소에 누군가의 도움을 받아야 한다면 해당 분야의 전문가가 어디에 있는지, 누구인지를 알아야 한다. 이런 정보는 그냥 얻어지는 것이 아니며 본인이 원한다고 청해서 관련 당사자가 언제나 들어주는 것도 아니다. 도움을 받고자 하는 사람에게 나에 대한 믿음이 있어야 가능하다.

언제나 도움을 받을 수 있는 것과 아무에게나 도움을 받는 것은 엄연히 다르다. 남에게 의지하는 것과 필요할 때 도움을 청하는 것도 서로 다르다. 기업 경영에서도 주변의 도움은 반드시 없어서는 안 될 중요한 자산이다. 흔히 인맥이라 부르는 이 네트워크는 서로 돕고 도와주는 상호 작용의 관계를 말한다. 과거에 비하면 21세기의 네트워크 개념도 크게 달라졌다. 예전에는 '어느 회사에 다니며 어느 직위에 있는 사람'으로 그 사람의 네트워크 가치를 판단했지만 지금은 어느 분야의 어떤 전문가라는 실질적인 정보에 더 가치를 둔다. 상대방이 내미는 명함에서 직위가 아닌 전문성을 보는 것, 이것이 21세기의 네트워크가 추구하는 방향이다.

뉴욕 지사로 근무를 나간 친구가 이런 말을 했다. "여기 뉴욕에서 네트워크를 만들려면 평소에 술자리를 자주 가지면서 친분을 쌓는 것으로는 불가능하네. 서로 인사를 주고받은 다음 '우리 술이나 한잔 합시다'란 말조차 꺼낼 여유가 없는 것이 이곳 생활이거든. 그런데 어느 날 그 사람이 갑자기 전화를 해서 어느 분야의 어떤 전문가를 연결해 줄 수 있느냐고 물어 왔을 때 내가 즉시 도움을 줄 수 있으면 그것으로 네트워크가 형성되네. 만약 그 사람이 원하는 정보나 전문적 지식을 가지고 있지 못하면 그 사람과의 네트워크는 그날로 끝나게 되지."

진정한 인적 네트워크, 즉 인맥이란 상대방의 마음을 움직이는 사람만이 맺을 수 있다. 자신의 일에 도움을 받기 위해서라는 단순한 이유만으로는 진정한 인맥을 형성할 수 없다. 또한 진정한 인맥은 실패했을 때 더욱 빛이 난다. 이럴 때 그 사람은 성공뿐만 아니라 실패도 함께 나누는 동반자이기 때문이다.

"돼지가 돼지를 만나면 돼지우리로 향하고 개가 개를 만나면 뒷간으로 간다"라는 유유상종의 지혜는 디지털 시대를 맞아 네트워크라는 표현으로 더욱 진가를 발하게 될 것이다.

모든 인적 네트워크는 기브 앤드 테이크가 원칙이다

인적 네트워크를 만들기 전에 자신도 상대방에게 좋은 인맥이 될 수 있다는 것을 보여 주는 것은 중요하다. 서로의 장점을 공유할 수 있는 관계는 무엇보다 각자 능력이 있어야 한다. 또한 서로는 처음에는 '편리한 존재'이다가 나중에는 '없어서는 안 될 존재'가 된다. 상대방이 기대하는 것보다 더 많은 것을 주면, 분명히 기대하는 것보다 더 많은 것을 얻게 된다.

어쨌든 모든 인적 네트워크의 속성이 쌍방향을 전제로 하는 것이므로 도움을 요청하거나 도움을 요청받는 상황은 불연속적인 변화만큼이나 예측이 불가능하다. 그렇다면 진정한 조력자로서, 내가 속한 분야의 전문가로서, 한 사람의 인간으로서 갖추어야 할 중요한 덕목이 무엇인지 다시

한번 되짚어 보자. 인간 관계에서는 상대방에게 영향을 미치거나 도움을 주는 차원보다 존경 그 자체로 다가서면 쉽게 감정을 공유할 수 있다. 멘토를 단지 인맥 차원으로 보는 것보다 배움의 대상으로 인식하는 것이 현명한 태도다.

좋은 점은 배우고 멘토를 거울삼아 자신의 행동을 비추어 보면 훨씬 성숙한 자신과 만날 수 있다. 기업이나 개인의 삶에서 멘토가 중요한 것은 바로 진일보한 향상을 가능하게 하기 때문이다. 서로 진일보하는 네트워크는 서로의 생각들을 공유한 상태에서 더 발전적인 방향으로 상대를 업그레이드시킨다. 서로에게 자극을 주고 서로에게 감화를 받아 결국은 기대치 이상의 목표를 이루는 것은 서로의 가치가 상승 작용을 불러일으키기 때문이다.

근래에 잘 알려진 〈친절한 금자 씨〉의 시나리오는 박찬욱 감독이 가지고 있던 스토리를 정서경이란 작가가 초고를 쓴 후, 감독과 작가가 함께 수정하는 과정을 통해 완성됐다고 한다. 그런데 이 시나리오를 완성하는 과정이 눈길을 끈다. 일단 콘도에 가서 식탁에 감독의 컴퓨터와 작가의 컴퓨터를 나란히 올려놓는다. 프로듀서와 제작부가 뒤에 서서 관중 노릇을 하고 감독과 작가는 탁구를 치듯 한 줄씩 컴퓨터에 글을 입력한다. 입력된 글은 두 사람의 모니터에 동시에 뜨고 그렇게 주고받는 지문과 대사 속에서 밀고 당기는 게임이 진행된다. 마치 관중을 사이에 두고 탁구 게임을 하는 것처럼 말이다. 이는 동급 최강의 전문가가 모여 최상의 가치를 추구하는 전형적인 장면이라고 할 수 있겠다.

반대로 위기에 처해 있거나 곤경에 빠져 있을 때 도움을 주는 사람이 바로 당신의 친구이거나 멘토이다. 멘토가 아무리 세월이 흘러도 그다지

성장하지 않았다면, 자신 역시 성장하지 않았다고 고백하는 것이나 마찬가지다.

물이 너무 맑으면 물고기가 없고, 사람이 너무 살피면 친구가 없다. 진정한 친구는 항상 옆에 있는 것이 아니라 자신이 힘들 때 뒤에 있는 것이라고 했다. 사실 친구라는 역할의 본래 목적은 내가 형편이 나쁠 때 내 편을 들어 주는 것이다. 내가 좋은 위치에 서 있을 때는 거의 누구나 나를 편들 것이다.

내면의 소리를 듣는 휴식

인간에게 회복과 재충전의 시간은 본질적으로 창조성과 긴밀하게 연결되어 있다. 음표들 사이에 공간이 있어야 음악이 만들어지고, 문자들 사이에 공간이 있어야 문장이 만들어지듯이 사랑과 우정의 깊이가 자라는 곳 역시 일과 일 사이의 공간과 시간이다. 회복과 재충전의 시간이 전무하다는 것은 존재감 없이 계속 반복되는 행동을 연속으로 나열한 것에 다름 아니다.

미국의 대통령은 국가 위기 상황이 닥쳐와도 휴가지에서 버젓이 시간을 보내고 매스컴에도 자유로운 차림으로 등장한다. 위기 상황일수록 중심에서 커다란 소용돌이가 일고 바람이 거세다. 그렇기 때문에 오히려 그럴 때는 몇 발자국 뒤로 물러서서 바라보아야 현명한 판단을 내릴 수 있다. 나는 피아노와 바이올린이 서로 대화를 주고받는 듯한 선율, 절체절명의 위기를 헤쳐 나가는 톰 크루즈의 연기력, 몇 세기 전에 살다 간 현인들이 한 줄로 남긴 경구로 휴식을 얻는다.

내면의 소리에 귀를 기울이자

바쁜 일상 속에서 한걸음 빠져 나와 귀를 스치고 지나가는 사나운 바람소리를 잠재우면 내면의 소리가 들리게 된다. 이때 비난이나 실패에 대한 잔상을 떠올리거나 혼자만의 필름 시사회를 생생하게 되풀이하는 것은 그야말로 최악의 선택을 하는 것이다. 이럴 때 떠오르는 것이 당나라 시인인 이상은(李商隱)이 말한 여섯 가지 살풍경이다. 거기에서 기술한 살풍경은 상상만 해도 가슴을 치게 만든다.

맑은 샘물에서 발을 씻는 일, 아름다운 꽃 위에 빨래를 널어 말리는 일, 집이 산을 등지고 있어 산세를 감상할 수 없는 일, 거문고를 불쏘시개로 삼아 학을 삶아 먹는 일, 꽃을 감상하면서 술을 마시지 않고 차만 마시는 일, 청아한 소나무 숲에서 쉬고 있는데 불현듯 사또가 행차하는 소리가 들리는 일이 그가 말한 여섯 가지 살풍경이다. 눈물까지는 아니더라도 사뭇 비감한 심정을 감출 수 없다.

휴식은 자기답게 살기 위한 최소한의 배려이자 그 무엇에도 집착하지 않는 상태를 말한다. 한자에서 '쉼'을 나타내는 '휴(休)'는 사람이 나무에 기대어 있는 형상이다. 모양을 본떠 만든 상형 문자인 '휴'는 말 그대로 사람이 일을 하다가 나무의 그늘에서 쉬고 있는 모습이다. 또 다른 무엇인가를 위한 숨 돌림, 마치 긴장된 근육의 이완처럼 앞으로 세상에서 계속 살아가기 위한 치료 단계, 무엇을 끝냈다기보다는 또 다른 무엇을 시작하기 위한 웅크림 같은 것이다. 부정적인 휴식은 일상 생활의 바쁜 업무가 잊게 했던 상처의 골을 깊게 만들 소지가 있다. 긍정적이든 부정적이든 휴식은 자기 존재에 대한 자각을 전제로 한다.

기본적으로 휴식은 4R을 목표로 한다. Retreat(물러나기), Refresh(원기를 회복하기), Reflect(뒤돌아보기), Recreate(재생산하기)가 그것이다.

진정한 휴식의 의미

물러나기(Retreat)는 인생에서 한 걸음 비켜나 보는 것이다. 변화라는 극성맞은 흐름에서 작전상 후퇴를 해 보면 그 동안 일의 중심에 파묻혀 여태껏 볼 수 없었던 것을 선명하게 볼 수 있는 또 다른 수확이 기다리고 있을 것이다. 원기를 회복하기(Refresh)는 말 그대로 일에 지친 몸과 마음을 푹 쉬게 하는 과정이다. 이렇게 회복한 에너지는 새로운 출발을 위한 원

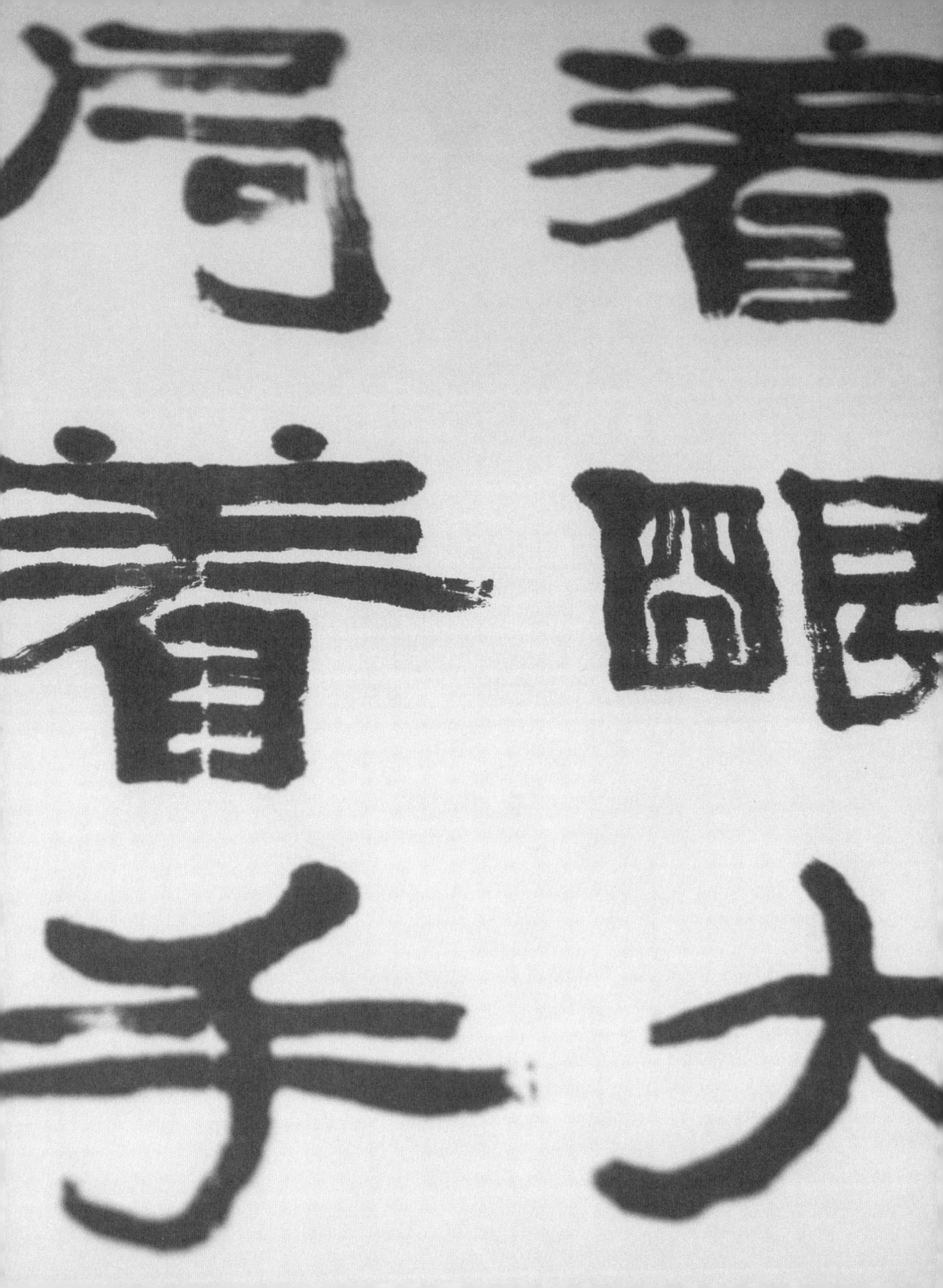

동력이 된다. 군중 속의 고독이라고는 하지만 사람은 고요한 상태일 때 자신을 뒤돌아본다(Reflect). 너무 빡빡한 일정은 아닌지, 오히려 정신없는 휴가로 피로만 가중시키는 것은 아닌지, 시간에 대한 개념을 두고 천천히 되돌아볼 반성의 기회가 필요하다.

휴식이 창조의 또 다른 영감을 제공한다는 것은 이미 잘 알려진 사실이다. 자신이 하고 있는 일에서 새로운 시각과 재생산(Recreate)을 유추할 수 있다면, 휴식은 결코 일에서 벗어날 수 없는 순간적 일탈이다. 하지만 휴식에 대한 이런 의미는 열심히 일하고 떠날 때는 잊어버리는 게 편하다. 행동에 대한 결과까지 머릿속에 담아서 그대로 가져간다는 것은 결국 아무것도 건질 게 없기 때문이다.

"휴대폰이 안 터지는 곳이라면 어디든지 살갑다"라는 시인 황동규의 표현처럼 아무 생각 없이, 머리를 텅 빈 채로 일상에서 벗어날 수만 있다면 그 어디라도 좋을 것이다.

잃어버린 시간은 영원히 버려진다

나는 마산에서 태어나 자랐다. 중학생이 되면서 용돈을 아버지에게 받게 됐다. 거실을 청소할 때마다 아버지가 용돈을 주기로 한 것이다. 그런데 나는 친구들과 바다낚시에 빠져 며칠 동안 청소를 하지 않았다. 그러던 어느 날 늦게 집으로 돌아오니 그날 따라 아버지의 친구 몇 분이 와 계셨다. 어머니는 손님 대접으로 바쁜 와중에도 안쓰러운 눈빛으로 나를 바라보았다. 엄격한 아버지가 나를 얼마나 야단을 칠까 걱정하는 눈치였다. 손님들이 돌아간 뒤 나는 아버지 앞에 무릎을 꿇고 빌었다. 그러나 아버지는 뜻밖에도 야단을 치지 않았다.

"네가 하고 싶은 일을 시간별로 계획하는 습관을 들여라. 사람은 부유하게 태어날 수도, 가난하게 태어날 수도 있지만 시간은 누구에게나 공평하게 주어지는 것이다. 네가 공부벌레가 되기를 바라는 건 아니다. 그러나 제대로 못한 공부가 있으면 언제 할지, 그리고 네가 하고 싶은 놀이는 언제 할지를 계획하는 습관을 들이는 게 중요하다. 거실 청소는 집안일에 대한 약속이므로 네가 책임을 다해야 집안이 제대로 돌아가지 않겠니?"

벌써 반세기 가까운 세월이 흘렀지만 기업에서 일하면서 가장 소중하게 여겨 온 한 가지가 바로 시간 관리를 철저히 하라는 아버지의 가르침이다. "아침 시간은 황금을 물고 있다. 아침 시간을 만들어 1년을 쌓으면 보름을 만들 수 있다"는 나의 지론도 아버지의 가르침에서 출발한다.

나는 이를 아이들에게 강조했고, 그래서인지 세 아이 모두 단 한 번의 쉼도 없이 학업을 마치고 둘은 이미 출가해 '시간은 가장 공평한 유산'이라고 말하는 주체가 되어가고 있다.

기업이라는 조직이 생겨난 뒤로 지금까지도 현재 진행형인 변명이 있다. 제 시간에 출근하지 못한 사원이 하는 "차가 막혀서요"라는 말이다. 그 사원이 다음에는 출근 시간을 제대로 지키는가 하면 그것도 아니다. 그는 비행기를 타고 출근해도 "하늘이 막혀서요"라고 말할 사람이다.

시간은 우리에게 공평하게 주어진 것이다. 시간을 압도하며 리드해야 하는 이유는 단 한 가지다. 한 번 잃어버린 시간, 지나간 시간은 다시 되찾을 수 없다. 가스통 바슐라르(Gaston Bachelard)는 『꿈꿀 권리(The Right to Dream)』에서 "강가에 피는 꽃들의 짧고 격렬한 역사를 말하기 위해서는 아침 일찍 일어나 서둘러 일하지 않으면 안 된다"라며 시간을 주도하는 삶에 대한 가치를 강조했다.

아침 시간은 황금을 물고 있다

지금까지 내 바이오 시계는 상당히 정확하게 작동하고 있다. 항상 알람보다 몇 분 먼저 울리고 있기 때문이다. 4시 30분이면 눈을 뜨는 것이 거의 자동적으로 이루어진다.

아침에 일찍 일어남으로써 얻는 소득은 순전히 '아침' 자체에 있다고 해도 과언이 아니다. 남보다 1시간 더 사용하면 1년에 365시간을 벌게 되고 2시간이면 730시간이 된다. 날짜로 환산하면 15일과 30일이 되는 셈이다. 그러므로 남들보다 아침에 1시간 일찍 일어나는 사람의 1년은 380일이다. 아침형 인간이든 저녁형 인간이든 모두에게 공평하게 주어지는 시간을 스스로 어떻게 관리하는가가 중요하다.

재즈를 하고 있는 나의 막내아들은 철저한 부엉이형 인간이다. 가장 고요한 시간이 가장 바쁜 시간이다. 밤을 꼬박 새우며 기타를 연주하거나 남의 연주를 듣는다. 반대로 나는 아침 시간에 집중이 잘 된다. 더 중요한 사실은 이 시간이 아니면 혼자 있을 시간이 별로 없다는 것이다.

사장이란 생각하는 것처럼 집무실에 앉아서 비서에게 "전화가 오더라도 연결하지 마라"라는 식의 주문을 할 만큼 한가하지 않다. 출근하는 순간부터 많은 사람을 만나야 하고, 전화를 받으며, 연이은 회의를 주재한다. 그 틈바구니에서는 순간순간의 판단에 따라 일을 빨리 진행하는 데 몰두하기 때문에 좀 더 넓은 생각의 틀을 가질 여유가 없다.

결국 이른 아침의 2시간은 나를 돌아보고 회사의 미래를 생각하고 판단의 기초를 다지는 중요한 시간이 된다. 그래서 황금 알을 물고 있는 아침 시간은 하루를 통틀어 가장 귀한 시간이 된다.

이렇게 귀한 아침 시간에 하는 일이 또 있다. 빈속에 냉수 두 컵을 마시는 일이다. 정장 효과가 높기 때문에 출근 이후에 왔다갔다 하는 귀찮은 일을 거의 제거해 주기 때문이다. 새벽 시간에 피트니스 센터에서 매일 90분을 보내는 것도 빼놓을 수 없는 아침 습관이다. 아침 4시 30분부터 7시 30분까지 3시간. 나는 하루를 이렇게 시작한다.

조간신문에서 미래를 읽는다

나는 텔레비전에서 뉴스를 보고 신문에서 미래를 읽는다. 왜냐하면 신문만 현상을 분석할 수 있기 때문이다. 심층 분석 기사에서, 또 세계적인 석학 인터뷰 기사에서 지식과 지혜를 얻는다.

나는 이마트에서 보험을 판다는 기사에서 사업 간 경계가 무너지는 변화를 읽는다. 자본 시장 통합법의 입법 예고 기사에서 증권, 선물, 자산 운용, 신탁의 경계가 무너지면서 합종연횡의 지각 변동이 일어날 것이라는 미래를 읽는다. 인터넷과 영상 매체의 급속한 발전으로 신문의 입지가 점차 좁아지는지는 모르겠지만 분석 기사는 신문을 대체하기가 어렵다. 나에게 신문 기사의 제목은 변화의 망치 소리로 들린다. 인물란 중「미아 햄의 최고가 되는 법」에서는 최고가 되려면 매일매일 똑같은 결심을 해야된다는 지혜를 배우고, 스물세 살의 노라 존슨의 수상 소감에서는 "누가 상을 받기 위해 노래를 불러요?"라는 말에 충격을 받는다. 특히 인물란에 실린 스포츠, 예술, 문학 등 다양한 분야에서 성공한 사람들의 한마디는 보배보다 진귀하다. 조간 신문은 나의 청량제이다.

리더십이란 책임이다

사람을 이끄는 능력에는 소위 리더적 자질이나 카리스마 따위는 필요 없다. 아이젠하워나 트루먼은 강력한 지도자였지만 카리스마를 가지고 있지는 않았다. 링컨도 카리스마라고는 눈을 씻고도 찾을 수 없었다. 기업의 리더 역시 목표와 우선 순위, 그리고 기준을 정하고 유지해야 하므로 타협할 줄도 알아야 한다. 하지만 그것의 옳고 그름을 판단할 줄 알아야 한다. 뛰어난 리더는 자신에게 엄격하여 실패를 다른 사람의 탓으로 돌리지 않는다.

"아프리카에서 인간은 차 문만 열고 나서면 가장 약한 동물이 된다." 미국의 여배우 카메론 디아즈(Cameron Diaz)가 〈오프라 윈프리 쇼〉에 나와서 한 말이다. 나는 이 여배우가 참으로 흔치 않은 미국인이라는 데 마음이 끌렸다. 남부러울 것 없는 스타이지만 힘든 오지 탐험을 통해 자연과 인간에 대한 사랑과 통찰을 보여 주는가 하면 지난 미국 대선을 앞둔 상황에서 TV 토크쇼에 나와 미국의 젊은이들에게 "지금 투표장으로 가지 않으면 미국은 정말 고립될지도 모른다"라며 눈물로 호소했던 여배우다. 그녀에게서 겸양과 의지를 엿볼 수 있었다.

사람을 대할 때는 꽃바람처럼, 자신을 대할 때는 가을 서리처럼 하라

『좋은 기업을 넘어 위대한 기업으로(Good to Great)』에서 짐 콜린스(Jim Collins)는 가장 바람직한 리더의 모델로 겸양과 의지를 꼽았다. 좋은 기업을 위대한 기업으로 도약시킨 사람들을 보면 "겸손하면서도 의지가 굳고,

변변찮아 보이면서도 두려움이 없는 이중성"을 지니고 있다는 것이다. 그들은 성공했을 때는 창문 밖을 내다보며 다른 사람들과 외부적인 요인, 그리고 행운에 찬사를 돌린다. 그러나 결과가 나쁠 때는 스스로 거울을 들여다보며 자신에게 책임을 돌리고 다른 사람들이나 외부적인 요인, 불운 등을 탓하지 않는다.

"자신에게는 서릿발처럼 차갑고 엄하게 대하고, 남에게는 봄바람처럼 부드럽게 대한다(臨己秋霜 對人春風)"는 적지 않은 사람들이 좌우명으로 새길 만큼 보편타당한 지침이다. 동시에 자신에게는 더할 나위 없이 관대하고 남에게는 오히려 엄격하게 따지기 쉬운 요즘 세태에 진한 울림을 주는 말이다.

다른 사람들의 행동에 대해서는 쉽게 비판을 하고 결점을 지적하지만 자신의 허물에 대해서는 '관대'란 늪에 빠지기 쉬운 것이 인간의 속성이다. 원칙적이고 논리적인 사람이 어느 한순간에 이해할 수 없는 결정을 내린다면 이는 분명 자신에게 점수가 후해져 스스로의 과오나 실수에 대해 용서하려는 마음을 가진 것이다. 이것이 지나치면 편협한 습관으로 굳어지고 결국 균형 감각을 잃은 이기주의자로 낙인 찍히게 된다. 주변에 나의 강점보다 약점을 노출시키는 셈이다. 그러나 이런 사실을 이해하는 것은 쉬우나 행동으로 옮기는 일은 쉽지 않다. 타인을 보는 시선, 남을 대하는 태도가 달라지지 않고서는 자신에게 추상같이 엄할 수 없다.

작가 폴 오스터(Paul Auster)는 소설 『리바이어던(Leviathan)』에서 주인공인 벤저민 삭스를 이렇게 표현했다. "그는 자기가 만나는 사람들을 어느 누구도 평가하지 않았다. 어느 누구도 자기보다 열등한 사람으로 대하지 않았고, 사회적인 지위에 따라 사람을 차별하는 일도 없었다. 그에게는 바텐더도 작가와 마찬가지로 흥미의 대상이었다. 그는 언제나 자기가 상대하는 사람을 대단한 지성인으로 보았다. 그래서 상대방을 자기와 똑같이 품위 있고 중요한 사람으로 대했다. 내가 그에게서 가장 감탄한 자질은 다른 사람들에게서 가장 좋은 면을 끌어내는, 바로 그 타고난 기술이었다.”

점차 더 투명해지는 사회 환경은 리더의 덕목 가운데 공평함과 철저한 자기 관리를 더욱 중요하게 요구하고 있다. 내가 하는 것은 예외일 뿐이고 남이 하는 것은 잘못이라는 이중 잣대가 설 땅이 없어지고 있는 것이다.

인간에게서 가장 좋은 자질을 끌어내는 능력

타인에 대한 시선을 따뜻하게 바꾸는 일, 그 사람의 가장 좋은 면에 천착하는 시선만큼 부드러운 통찰이 또 있을까?

이와는 반대로 자신에게 관대하거나 편안한 자기 합리화의 그늘에 안주하는 이들의 횡포는 폭력적이기까지 하다. 마치 지나가는 나그네를 붙잡아서 자기 집의 침대에 맞춰 보고 침대보가 크면 발을 잘라 맞추고 작으면 사정없이 몸을 늘리는 '프로크루스테스의 침대' 처럼, 자신의 생각에 상대방을 멋대로 재단하는 사람의 횡포는 공포에 가깝다.

혹 다른 사람의 시계는 부지런히 움직이고 있는데 왜 내 시계는 멈춰 있는지 의아하다면 그것은 시계의 배터리가 수명이 다한 것으로 보면 된

다. 그 동안 당신을 가두고 서서히 갉아먹고 있던 자기 합리화의 시계가 멈추고 싶다는 내면의 신호, 다른 에너지로 바꿔 달라는 내부의 메시지를 보낸 것이다.

그래도 잊지 말아야 할 점이 있다. 봄바람과 가을 서리와 같이 극단적인 상태는 내 안에서 완급을 조절하며 일어난다. 만일 혹독한 자기 비판으로 자괴감에 빠졌다면 다음 단계에서는 원인 분석과 함께 약간의 당근으로 위로하는 차원에서 스스로에게 유머의 위력을 발휘하라고 말하고 싶다.

유머 감각을 키운다는 것은 자신의 완고함에서 벗어나는 행위이며, 완고함에서 벗어난다는 것은 또 다른 가능성을 열어 놓는 일이므로 자괴심의 회복 속도를 높인다. 이것이 말처럼 쉬웠으면 인간이 이토록 불완전하지는 않았을 것이다. 언제나 실천, 이것이 문제다.

나는 1년 전의 내가 아니며
1년 후에는 또 다르게 변할 것이다

누군가를 가르친다는 것은 곧 '두 번 배운다'는 것이다. 이 두 번 배운다는 의미에는 만만찮은 인생의 격조가 숨어 있다. 한참 책을 읽다가 거의 막바지에 와서야 예전에 읽은 듯하다는 느낌을 종종 받을 때가 있다. 파트리크 쥐스킨트(Patrick Suskind)의 『깊이에의 강요(Drei Geschichten und eine Betrachtung)』처럼 진지한 문학적 건망증까지는 아니어도, 과거에는 이 책을 읽으면서 새삼 가슴에 와 닿는 구절에 감정 이입이 됐는데도 왜 나는 기억하지 못하고 새롭게 감동받는 것일까? 모든 사물은 자기가 보는 만큼 보인다. 같은 사물을 보더라도 어제 보는 것과 오늘 보는 것이 다른 이유도 여기에 있을 것이다.

　돌이켜 보면 젊은 날에 그냥 무심코 지나갔던 것들도 이제서야 원인을 깨닫고 무릎을 치게 만드는 해결책까지 생각해 낸다면 그런 경험들을 공유하고 싶어지는 것은 당연지사다. 그런 의도에서 강연과 토론, 집필 등을 나름대로 신념을 갖고 해 오고 있다. 그 동안의 실패와 경험 속에서 깨달은 것은 "이미 몇 년 전에 누가 나에게 이런 얘기만 해 주었어도……. 그때 내가 이걸 알았더라면……" 하는 점이다. 무작정 부딪히고 겪는 것과 조언, 배움, 지식이 주는 정보에는 차이가 있다. 교육도 마찬가지다. 양적인 교육에서 질적인 교육, 전문적인 교육 패턴으로 넘어가는 과도기를 거치고 있는 우리나라에서는 나이를 막론하고 배움에 대한 강박관념을 가지고 있다.

때로는 사랑보다 방임이 약이 된다

서양 속담에 "자식이 귀할수록 날카로운 회초리를 들라(The dearer the

child, the sharper must be the rod)"는 속담이 있다. 자식이 귀하고 소중한 만큼 철저하게 자기 수양을 하도록 만들기 위해 부모가 무조건적인 사랑보다는 엄한 원칙부터 가르쳐야 한다는 뜻일 것이다. 물론 나는 이런 생각에 기본적으로 동의한다.

그러나 아이들이 장성하고 나니까 그런 원칙들이 오히려 아이들의 창의력과 자발적인 행동을 저해하는 요인이 되지는 않았는지 다시 한번 되돌아보게 된다. 아이들의 공격적 행동과 반항은 일과 사물에 대한 적극적인 자세가 될 수 있으며, 거짓말을 하거나 심지어 도둑질을 하는 것조차 창의력과 상상력의 싹이 될 수 있다. 요컨대 아이들이 문제를 일으키는 행동과 창의력 사이에는 생각하지도 못한 상관 관계가 있을 수 있다는 얘기다. 그럴 때 부모는 자식이 자신의 잠재력을 스스로 발전시켜 나가도록 믿고 격려하고 기다려야 한다.

아들 딸 잘되고 행복하라고 진정으로 소망하는 부모라면, 적어도 자식을 평가하기보다는 있는 그대로 받아들이는 게 좋다. 노르웨이의 사회학자 엘리스 볼딩(Elise Boulding)은 『어린이와 고독(Children and Solitude)』에서 "아이들을 제발 고독 속에 내버려 두어라"라고 말한다. 무관심하게 홀로 방치하라는 것이 아니라, 아이가 무언가에 혼자 열중해 있거나 어른들에게 방해받고 싶어하지 않는다면 아이의 고독을 존중하라는 뜻이다. 이때 어른이나 부모가 섣불리 개입하면 아이의 내면을 오히려 어지럽게 되므로, 아이 스스로 고독의 시간을 거치고 나와 내면을 성장시킬 수 있도록 고독의 시간을 배려하라는 것이다. 부모는 단지 아이 옆에 있어 주는 것이 최선이리라.

폴 매카트니(Paul McCartney)는 부모의 각별한 사랑 속에서 자라나 영국

리버풀의 명문으로 손꼽히는 학교에 입학해 상위권 성적을 유지하며 원만한 학교 생활을 했다. 그러나 열다섯 살이 되던 해에 폴 매카트니의 어머니는 유방암으로 세상을 떠났고, 이후 그는 학교 생활에 흥미를 잃고 방황하기 시작했다. 비틀스 멤버로 큰 성공을 거둔 다음에도 어머니에 대한 그리움이 여전히 마음속 깊이 자리 잡고 있었던 탓이었을까? 한창 전성기를 구가하면서 한꺼번에 따르는 여러 가지 어려움으로 지쳐 있던 그의 꿈에 어머니가 나타났다. 꿈에서 돌아가신 어머니를 만난 것도 기뻤지만 어머니가 자신에게 새로운 힘까지 불어넣어 주니 폴 매카트니는 행복하기 그지없었다. 힘든 시기에 아들의 꿈에 나타나 아들에게 용기와 힘을 준 그녀의 이름은 메리 패트리샤 매카트니였고, 그래서 우리는 오늘날 이 노래를 들을 수 있게 되었다. 바로 〈렛 잇 비(Let it be)〉다.

> 나 어려울 적에
> 어머니가 내게 오셔서
> 현명하게 말씀하시길, 그냥 내버려 두어라.
> When I find myself in times of trouble
> Mother Mary comes to me
> Speaking words of wisdom. Let it be.

나 역시도 보통의 아버지처럼 보통의 아버지다운 생각들을 많이 한다. 부모의 마음은 다 똑같다. 젊은 날에는 일에 빠져서 아이들과 많은 시간을 보내지 못했지만 아이들은 내가 무엇인가를 열심히 추구하는 것을 지켜보았고 이제는 그 아이들이 내가 추구했던 그 무엇을 열심히 하고 있다. 많은 직장인들이 가진 자식 교육 문제에 대한 고민이나 대학 입시를 둘러싼 논란들을 보면 정작 문제의 핵심을 비켜나 있다는 느낌이 든다. 부모의 역할 모델만큼 중요한 배움이 없다는 게 나의 생각이다.

일에 치이고 시간에 쫓겨서 아이들과 많은 시간을 가질 수 없다면, 최소한 아이에게 자신이 열정적으로 매진하는 모습을 보여 주어라. 그것만으로도 배움의 효과가 충분히 있다.

우리 인생은 언제든지 새롭게 시작할 수 있다

나는 "CEO가 되려면 어떤 능력이 가장 필요합니까?"라는 질문을 종종 받는다. 사실 그들에게 CEO의 자질과 능력을 표현하는 것이 몹시 두렵다. 이런 물음은 나 자신도 오랫동안 천착해 온, 그리고 아직까지도 여전히 미완인 숙제이기 때문이다.

그래도 미래를 보고자, 자신의 꿈을 이루고자 정진하는 이들에게 감히 위험을 무릅쓰고 한마디 하겠다. "CEO에게 가장 필요한 것은 인문학적 소양"이라고 말이다. 다방면의 것을 많이 아는 팔방미인과 인문학적 소양은 근본적으로 다르다. 인문학적 소양은 문학, 역사, 철학, 예술, 종교에 대한 이해를 통해서 얻은 삶의 능력이라 할 수 있다. 자유로운 상상력을 키워 주고, 현실의 장벽을 뛰어넘을 수 있는 창의력에 눈뜨고, 좋은 가치를 한눈에 꿰뚫을 수 있는 직관력과 더불어, 미적인 것에 대한 감성과 향수까지 자극하는 것이 인문학적 소양이다. 따라서 인문주의자들은 역사와 사회에 대한 깊이 있는 통찰에 접근할 수 있는 사람이자, 인간에 대한 폭넓은 이해와 애정을 표현할 수 있는 능력을 키운 사람이라고도 볼 수 있다.

인문학적 소양으로 길러진 능력은 많은 가능성을 내포하고 있다. 주어진 현실을 변화시킬 힘을 가지고 있으며, 그 변화의 가능성을 바로 내 자신 안에 가지고 있음은 말할 것도 없고 역사와 사회에 대해 늘 깨어 있는 정신 상태를 유지한다.

책을 깊이 있게 읽고, 화두에 대해 깊이 있게 성찰하고, 경험한 것에 대해 반성하고 검토하며, 사람의 관계에서 이해를 도모하고, 자기 삶에 최선을 다하되 인간에 대한 애정을 저버리지 않는 것, 이런 능력이 바로 CEO의 역할과 동일한 것이다.

리더의 자질은 인문학적 소양

한 가지 사안에서 다양한 시각을 보고 이를 하나의 일관된 관점으로 통합시키는 능력을 '통합적 복합성(integrative complexity)'이라고 한다. 따라서 통합적 복합성은 개인이나 조직이 어떤 문제를 해결하고 의사 결정을 내리는 일에서 어떤 전략이나 스타일을 구사하는지 가늠할 수 있는 척도가 되기도 한다. 결국 어떤 분야에서든 가장 많은 양의 다양한 정보를 종합해서 활용할 수 있는 사람이 그 분야의 최고 자리, 즉 CEO가 되는 것이다. 이렇게 통합적 복합성을 길러 주는 것이 바로 인문학적인 소양이다.

나는 인문학적인 소양을 가진 인물이 리드하는 회사가 가장 긍정적인 성취를 이룰 수 있다고 믿는다. '일'과 '배움'이라는 두 가지 가치를 일체화하면 경쟁에서 결코 뒤지지 않는다.

다가오는 경영 환경에서는 자본, 기술 등 여러 경영 자원 가운데 사람, 즉 조직 구성원 한 사람 한 사람의 능력을 끊임없이 개발하는 한편 팀워크를 통해서 비범한 결과를 내는 것이 가장 중요하게 되었다. 따라서 인간에 대한 폭넓은 이해와 먼 미래를 내다보는 통찰력이 없으면 사람들을 따라오게 하기 어렵게 될 것이다.

늦었다고 생각할 때가 가장 빠른 때다

봄이 오면 제일 먼저 피어나는 꽃이 개나리다. 또한 목련은 잎이 나오기도 전에 꽃봉오리부터 터트리며, 진달래와 철쭉은 봄의 한가운데서 계절의 절정을 알린다. 사람의 인생도 스물다섯에 피는 꽃이 있는가 하면 마흔다섯에 피는 꽃도 있다.

봄 꽃의 시작인 개나리가 아니라고 해서 다른 꽃이 아름답지 않은 것은 아니다. 또한 개나리가 여름에 피었다고 해서 아름답지 않은 것은 더욱더 아니다. 인생의 꽃은 사시사철, 시간에 구애받지 않고 언제든지 피어날 권리가 있으며 또 그렇게 될 수 있다. 나는 지금도 늦게 피어나는 꽃의 아름다움을 믿는 편이다. 꽃은 자신이 인내했던 과정을 보여 주지만, 미래는 오로지 스스로 느껴야만 볼 수 있다. 사람도 인생의 후반전이 되어서 새롭게 꽃을 피울 수 있다. 오히려 늦게 피어나는 꽃이 더 아름답고 향기도 오래간다. 인생의 후반전에서 반전의 묘미가 짜릿한 당신의 미래를 보고 싶다면 늦게 피어나는 꽃의 아름다움과 향기를 잊지 마라.

나이를 먹었다는 것은 단순히 육체적으로 노쇠해졌다는 말이 아니다. 30~40대임에도 이미 예순의 나이가 느껴지는 사람이 있는가 하면 50~60대의 나이에도 젊은이들 못지않은 열정을 보여 주는 사람이 있다. 모든 것이 꿈을 가진 사람과 꿈을 잃은 사람의 차이다. 나는 인생은 나이로 살아가는 것이 아니라 미래에 대한 꿈으로 살아가는 것이라고 단언한다. 나에게는 여전히 나를 사랑하고 더 나은 미래를 향한 꿈을 꿀 권리가 있는 것이다. 그것은 당신이라고 해서 예외일 수 없다.

KI신서 808

CEO 김재우의 30대 성공학 :

Think Big Act Fast

1판 1쇄 발행 2006년 6월 7일
2판 6쇄 발행 2009년 10월 16일

지은이 김재우 **펴낸이** 김영곤 **펴낸곳** (주)북이십일 21세기북스
기획 이성용 **편집** 이상실 강혜진 **디자인** 박선향 **마케팅·영업** 서재필 최창규 김보미
출판등록 2000년 5월 6일 제10-1965호
주소 (우413-756) 경기도 파주시 교하읍 문발리 파주출판단지 518-3
대표전화 031-955-2100 **팩스** 031-955-2151 **이메일** book21@book21.co.kr
홈페이지 www.book21.com **커뮤니티** cafe.naver.com/21cbook

값 10,000원
ISBN 978-89-509-0876-8 13320